ACCESO GRATIS ***a la Lectura en la Nube***

Para visualizar el libro electrónico en la nube de lectura envíe junto a su nombre y apellidos una fotografía del código de barras situado en la contraportada del libro y otra del ticket de compra a la dirección:

ebooktirant@tirant.com

En un máximo de 72 horas laborables le enviaremos el código de acceso con sus instrucciones.

La visualización del libro en **NUBE DE LECTURA** excluye los usos bibliotecarios y públicos que puedan poner el archivo electrónico a disposición de una comunidad de lectores. Se permite tan solo un uso individual y privado

LOS ASPECTOS NO DISCURSIVOS DEL RAZONAMIENTO JURÍDICO

LOS ASPECTOS NO DISCURSIVOS DEL RAZONAMIENTO JURÍDICO

PEDRO RIVAS

tirant lo blanch

Ciudad de México, 2025

En caso de erratas y actualizaciones, la Editorial Tirant lo Blanch México publicará la pertinente corrección en la página web www.tirant.com/mex/

Este libro será publicado y distribuido internacionalmente en todos los países donde la Editorial Tirant lo Blanch esté presente.

© TIRANT LO BLANCH
EDITA: TIRANT LO BLANCH MÉXICO
Av. Tamaulipas 150, Oficina 502
Hipódromo, Cuauhtémoc, 06100, Ciudad de México
Telf: +52 1 55 65502317
infomex@tirant.com
www.tirant.com/mex/
www.tirant.es
ISBN: 979-13-7010-503-7
MAQUETA: Tink Factoría de Color

Si tiene alguna queja o sugerencia, envíenos un mail a: atencioncliente@tirant.com. En caso de no ser atendida su sugerencia, por favor, lea en *www.tirant.net/index.php/empresa/politicas-de-empresa* nuestro Procedimiento de quejas.

Responsabilidad Social Corporativa: http://www.tirant.net/Docs/RSCTirant.pdf

Índice

Introducción

La finalidad de este trabajo es mostrar que en el ámbito del juicio práctico existen varios elementos no discursivos, y tratar de comprenderlos. En segundo lugar, se trata de mostrar que esos elementos, aunque no sean discursivos, no son irracionales. En este sentido, el razonamiento jurídico, como ejemplo de juicio práctico, prudencial en este caso, tendrá también elementos o momentos no discursivos. Esta tesis puede resultar desconcertante porque precisamente el empeño de la lógica jurídica y de las teorías de la argumentación jurídica es tratar de explicar cada uno de los pasos que debe dar quien razona en el ámbito del Derecho. Para ello, se nos muestran también los errores a evitar en forma de incoherencias, falacias, déficits, inconclusiones, etc. La manera de comprender y sobre todo de fiscalizar la argumentación en Derecho pasa concretamente por la descripción del discurso jurídico entendido como una concatenación de razones que fundamentan una decisión.

Es evidente que uno de los puntos de partida del razonamiento jurídico, el propio Derecho objetivo, no se plantea discursivamente porque no necesita justificación. Es más, por eso es un punto de partida. Pero no nos referimos a esta cuestión. A lo que se apunta es a que en la formación y construcción de los fundamentos de una decisión existen aspectos donde no hay discurso sino más bien hallazgo (*inventio*) de la solución o de los elementos necesarios para alcanzar la solución. Por desgracia, todo esto ha sido caracterizado en nuestro lenguaje habitual como intuición, en el mejor de los casos, o de empatía o instinto. Tales palabras nos remiten en su uso común al mundo de lo irracional, o al menos de lo inexplicable, que es aquel que pretendemos evitar a toda costa. Hablar de intuición nos lleva a ámbitos como el de la creación artística, rodeados de misterio para el común de los mortales y, en todo caso, inaccesibles. Otras expresiones propias del hablar coloquial emplean metáforas (tener buen ojo, llevarlo en la sangre, darse bien algo), lo que nos conduce de nuevo hacia ámbitos poéticos y por tanto carentes de explicación científica. Por lo anterior, se hace necesario adelantar en este punto que vamos a intentar mostrar que tales elementos no discursivos son precisamente máximamente racionales. Es decir, que lejos de expresar lo inexpresable por irracional e incomunicable, se presentan paradójicamente como momentos donde la razón preside el acceso a la realidad y lo hace de manera certera y precisa.

La presente investigación se ubica, por tanto, en el ámbito del denominado contexto de descubrimiento. La distinción entre contexto de descubrimiento y contexto de justificación remite a los años 30 del pasado siglo cuando fue hecha por primera vez por Popper[1], aunque la terminología se debe a Reichenbach[2]. Para este último, la epistemología se ocupa de cuestiones lógicas, es decir, de la estructura lógica y de las relaciones lógicas que se dan entre los enunciados que describen observaciones, y de las leyes o teorías que tales enunciados confirman o refutan. Todas estas cuestiones aparecen después de que las teorías hayan sido formuladas. Por eso, este tipo de análisis deja de lado todo lo relacionado con la naturaleza del descubrimiento científico. La forma en que una teoría es descubierta o enunciada forma parte del contexto de descubrimiento.

Esta distinción se volvió habitual en la década de los años 60 en el ámbito de quienes, dentro de la Filosofía del Derecho, pretendieron oponer una réplica a las tesis del realismo jurídico norteamericano que criticaban la teoría de la decisión judicial como silogismo. En efecto, a través de la distinción de dos momentos en la actividad decisoria del juez, se buscaría limitar el alcance de las críticas realistas a la teoría deductiva y de su tesis del reducido papel jugado por las reglas jurídicas en el proceso de decisión judicial al primer momento de esa actividad: el proceso de descubrimiento. Los realistas habrían omitido considerar la influencia ejercida por las reglas jurídicas y las

---

1 K. Popper, *La lógica de la investigación científica* [1935], Madrid, Tecnos, 1977, pp. 30-31.

2 H. Reichenbach, *Experience and Prediction*, Chicago, University of Chicago Press, 1938, pp. 7-8.

reglas de la lógica en un segundo momento de la actividad decisoria: el proceso de justificación, que tiene lugar cuando el juez se pregunta si la decisión que ha alcanzado resulta justificable y construye los argumentos que presentará en la motivación de la sentencia[3].

En mi caso particular, el origen de la cuestión surge de considerar que la mayor parte de las decisiones que tomamos en el ámbito práctico carecen de proceso deliberativo. Con esto no me estoy refiriendo ni única ni principalmente al género de acciones que hacemos ordinariamente y que ejecutamos de manera maquinal o por costumbre, como se acostumbra a decir. Se trata de algo diferente. Por ejemplo, en las relaciones que se dan en el terreno educativo (sea institucional o familiar), en el mundo laboral, en las relaciones médico-paciente o en el del juego, tomamos decisiones de manera constante, y se hacen de modo inmediato, muchas veces de forma reactiva a las acciones ajenas. La inmediatez de nuestra acción tiene que ver con que se trata de acciones que no pueden esperar más tiempo a ser llevadas a cabo, o simplemente porque no parecen a priori tan graves como para requerir una deliberación. Por ejemplo, toda acción de una madre o de un padre ante sus hijos, especialmente cuanto más pequeños sean, es de alguna manera educativa. Más aún si tiene que ver con lo que los hijos quieren, hacen o piden. Con sus numerosas variaciones de edad, número, entorno, etc., es fácil caer en la cuenta de la relevancia de cada acción de un padre o una madre en la educación y formación de sus hijos. En el terreno de las relaciones laborales, cada acción repercute muchas veces en las personas con las que trabajamos, sean superiores, iguales, subordinadas, clientes, proveedores, etc. Como en el ejemplo anterior, la relevancia

---

3 R. A. WASSERSTROM, *The judicial decision. Toward a theory of legal justification*, Stanford, Stanford University Press, 1961, pp. 23-28. Un desarrollo de la cuestión de manera más amplia puede encontrarse por ejemplo en I. LIFANTE, *La interpretación jurídica en la teoría del derecho contemporánea*, Madrid, Centro de Estudios Políticos y Constitucionales, 1999. También D. ACCATINO, "Notas sobre la aplicación de la distinción entre contextos de descubrimiento y de justificación al razonamiento judicial", *Revista de Derecho* (Universidad Austral de Chile) XIII (2002), pp. 9-25.

de dichas acciones será variada, pero en todo caso hay detrás algún género de decisión por parte del agente. Por último, por su relevancia actual y por lo mucho que ha sido estudiado, vale la pena detenerse en las decisiones médicas de relevancia ética. Si bien es cierto que muchas de ellas cuentan con protocolos de actuación previos y otras se pueden remitir a comités de ética hospitalaria, quedan a mitad de camino una considerable cantidad de situaciones donde no hay ni protocolo ni comité o donde hay que interpretar una regla de tales protocolos. Estamos ante acciones con un importante componente ético del que dependen bienes ajenos y que dependen de la capacidad del médico para hacerse cargo de circunstancias ajenas. Por poner un ejemplo, el deber de facilitar el consentimiento informado depende en gran medida de comprender a quién se le está informando y cuál es la información que requiere recibir, incluso evaluar muchas veces las capacidades y condiciones de quien tiene que dar el consentimiento. En estos ejemplos, no se escapa la dimensión ética de nuestras acciones pues en ellas se busca el bien ajeno (el del hijo o el bien común de la empresa o de la sociedad, el del paciente), que es en muchos casos un bien propio (ser buen padre, buena madre, buen trabajador, buen médico).

En otro tipo de acciones como el juego se pone de manifiesto de manera quizá más patente esta necesidad de la inmediatez de la acción. En la medida en que el número de jugadores es mayor, son más numerosos los elementos a tener en cuenta al decidir, y en la mayoría de los deportes, como ejemplo de juegos, no hay tiempo para deliberar sobre la propia acción a desarrollar. Con todo, en el caso del juego, el aspecto ético no queda tan claro como en los ejemplos anteriores. Pero se remarca más la idea de inmediatez.

A mi modo de ver, lo que llama la atención es que a pesar de la dificultad que el agente debe afrontar por la ausencia de tiempo, somos capaces de identificar a quienes toman decisiones de este género de manera correcta. En efecto, las consecuencias o los resultados de dichas acciones se ponen de manifiesto en las demás personas, por ejemplo, en el carácter y forma de ser de los hijos, en la vida de quienes comparten lugar de trabajo, en los beneficios de la empresa o en el servicio público que se presta, en los resultados del juego que se practique. Eso hace que hablemos de *buena* madre, *buen* padre, *buen* trabajador, *buen* médico, y en un sentido diferente *buen* jugador. Y de hecho si discutimos a la hora de calificar así a las personas o a uno mismo, es porque de alguna manera pensamos que se puede ser bueno, excelente, óptimo, en esas acciones.

Lo que se acaba de explicar acerca de la educación, el trabajo, la práctica de la Medicina o el juego puede extenderse a otros sectores de nuestra acción en otros tipos de relaciones interpersonales (afectivas, económicas, de vecindad, etc.). Pareciera que el acierto que se da en tales acciones tiene que tener un origen singular cuando ocurre que la mayoría de tales acciones son propias de la inmediatez. Esta inmediatez se percibe más claramente cuando muchas veces son reactivas a una situación determinada que no se espera. Pero no hace falta que sea reactiva a nada para que la decisión no lleve detrás una deliberación.

Ahora bien, la ausencia de deliberación no significa que la acción no sea racional. Es más, el acierto en tales acciones muestra por el contrario que se trata de decisiones máximamente racionales. No sólo eso, sino que el agente es capaz a posteriori de explicar el sentido de su decisión, dando buenas razones de su curso de acción, que son compartidas por quienes le escuchan. Habitualmente además, el agente no acierta por ser capaz de tomar en consideración todos los elementos involucrados, sino precisamente por focalizarse en la razón relevante para actuar como lo ha hecho. Cabe entonces preguntarnos qué es lo que hay en el ser humano que lo hace capaz de obrar así, sin un proceso de deliberación racional y, sin embargo, con un innegable acierto. Como se ve, nos encontramos ante aspectos no discursivos de nuestras decisiones prácticas. Las expresiones que se mencionaban al principio como tener intuición o capacidad empática o las más claramente metafóricas, no pretenden ser explicativas de nada y más bien expresan nuestra aparente incapacidad para comprender racionalmente nuestras acciones. Ahora bien, si tales acciones son exitosas habitualmente y el agente puede justificarlas, no tiene sentido pensar que son precisamente irracionales.

Con todo, hay que señalar antes de seguir, que no parece acertado relacionar estas acciones con los instintos humanos. Lo característico del ser humano es precisamente la carencia casi completa de instintos, la plasticidad de los mismos y la necesidad de aprendizaje que debe acompañarlos. En este punto, la obra de Arnold Gehlen sigue siendo una referencia clara e insoslayable. En efecto, lo que llama la atención al pensador alemán es la posibilidad de existencia de un ser como el humano que está expuesto a la descomunal capacidad de error y perturbabilidad de la conciencia. Y al mismo tiempo la falta en el mismo ser de una dotación de instintos que funcionen con seguridad[4]. O dicho de otro modo, cómo hace para mantenerse simplemente en vida un ser así, con esa concreta constitución corporal[5]. Y es que dicha constitución lo muestra ante todo como un ser de carencias, sumamente imperfecto e incluso imposible, paradójico en su corporalidad en comparación con el animal[6]. Morfológicamente, en sentido biológico, el ser humano se caracteriza por su no-adaptación, no-especialización y primitivismo. Dentro de las condiciones naturales, originales y primitivas, hace ya mucho tiempo que se hubiera extinguido. En definitiva, desde el punto de vista orgánico es un ser carente de medios, carente de instintos, dejado a sí mismo[7]. A tal punto que se pregunta cómo puede vivir un ser biológicamente monstruoso como el ser humano, un ser que no es comparable con ningún otro animal[8].

Lo anterior le lleva a rechazar toda aproximación al ser humano que parta del esquema según el cual compartimos los instintos con los animales, y es la inteligencia lo que nos distingue de ellos. En realidad existe una diferencia estructural que lo impregna todo[9]. Por eso ni siquiera se puede transferir el concepto de instinto propio de

---

4 A. Gehlen, *El hombre: su naturaleza y su lugar en el mundo* (1940), traducción de Fernando-Carlos Vevia Romero, Salamanca, Sígueme, 1987, p. 14.

5 *Ibid.*, pp. 17-18.

6 *Ibid.*, p. 22.

7 *Ibid.*, pp. 37-38.

8 *Ibid.*, p. 40.

9 *Ibid.*, pp. 24-25.

los animales al ser humano[10]. La singular relación en el ser humano entre inteligencia y biología en el ser humano fue señalada desde la Antigüedad. En esa línea se inscribe el conocido pasaje aristotélico donde afirma que aunque ya Anaxágoras sostuvo que el hombre es el más inteligente de los animales porque tiene manos, en realidad habría que decir que tiene manos por ser el más inteligente de los animales[11].

Para cerrar esta introducción queda por último la explicación del orden y sentido de los capítulos que forman parte de este trabajo. La hipótesis de partida es que somos capaces de conocer de manera no discursiva y con precisión y celeridad gracias a la presencia en nosotros de determinados hábitos. Tales hábitos son en primer lugar de carácter intelectual. En este punto se nos presenta la guía de Aristóteles quien al tratar de la prudencia en la *Ética a Nicómaco* afronta las cuestiones del hábito de la *synesis* y de un hábito que, a mi juicio, vendría a ser una manera peculiar de *synesis*, y que el Estagirita denomina *gnome*.

Para llegar a considerar los hábitos de carácter ético, cabe preguntarse primeramente por el papel que juega la afectividad en el conocimiento práctico. Y ahí surge la cuestión del denominado conocimiento por connaturalidad. En este caso la guía es el pensamiento de Tomás de Aquino, quien ha tematizado al respecto lo que solamente aparecía incoado por Aristóteles. En este punto, como se verá, cobra especial importancia comprobar si los hábitos morales tienen o no alguna relevancia a la hora de conocer.

Cada capítulo tiene una estructura semejante. Trata en primer lugar de aclarar la naturaleza del aspecto no discursivo en cuestión, para terminar ofreciendo una aproximación a las consecuencias que tiene para el razonamiento jurídico.

---

10 *Ibid.*, p. 29.

11 *De partibus animalium* IV 10, 686b 5ss.

Capítulo I

La *synesis* aristotélica

1. LA PRUDENCIA ARISTOTÉLICA

Aristóteles habla en la *Ética a Nicómaco* de unas disposiciones para saber discernir lo que es objeto de la prudencia[12]. Una de ellas puede darnos la explicación del problema que hemos planteado. Con todo, es necesario ubicar aunque sea de manera breve y comprimida el sentido aristotélico de prudencia.

Para introducir sucintamente la visión aristotélica de la prudencia hay que comenzar por recordar su distinción entre los objetos del conocimiento humano. "Lo que es objeto de ciencia es necesario. Luego es eterno, ya que todo lo que es absolutamente necesario es eterno, y lo eterno, ingénito e imperecedero. Además toda ciencia parece susceptible de ser enseñada, y todo lo que es objeto de ella, de ser aprendido"[13]. En el lado opuesto, "entre las cosas que pueden ser de otra manera están lo que es objeto de producción (ποιεσις) y lo que es objeto de acción (πραξις)"[14]. Esta última es objeto de la prudencia (φρονεσις). En efecto, cuando Aristóteles habla de acción (πραξις) se refiere a aquellas acciones cuyo fin es hacerlas bien[15]. Y en el caso de los seres humanos se trata de vivir bien y en ese caso el fin de la praxis humana no es distinto de ella misma[16].

---

12 *Ética a Nicómaco* VI 11, 1143a29-30. Se emplea la traducción de Julián Marías y María de Araujo (1949), Madrid, Centro de Estudios Constitucionales, 1994. A partir de ahora se cita EN y la numeración de la edición de Bekker

13 EN 1139b 23-25.

14 EN 1140a 1-2.

15 EN 1139b 3-4.

16 EN 1140b 7.

Pero no solamente se trata de realidades no necesarias, sino que también hay otro rasgo de importancia. En concreto, refiriéndose a la prudencia afirma: "Que la prudencia no es ciencia es evidente. En efecto, se refiere a lo más particular, como se ha dicho, porque lo práctico es de esta naturaleza"[17]. Más claramente pone en relación los caracteres de particularidad, practicidad y la índole de acción: "Tampoco versa la prudencia exclusivamente sobre lo universal, sino que tiene que conocer también lo particular, porque es práctica y la acción tiene que ver con lo particular"[18].

Sin embargo, Aristóteles no renuncia a la condición de verdad cuando se trata del conocimiento no científico. Por ejemplo, cuando afirma que "del entendimiento teorético y no práctico ni creador, el bien y el mal son, respectivamente, la verdad y la falsedad, mientras que el bien de la parte intelectual pero práctica es la verdad que está de acuerdo con el deseo recto"[19]. Con todo, en este caso nos encontramos ante una verdad que no está separada de la utilidad, porque "el presente tratado no es teórico como los otros pues no investigamos para saber qué es la virtud, sino para ser buenos, ya que en otro caso sería totalmente inútil"[20]. Por eso, "con razón se dice que realizando acciones justas se hace uno justo (...). Y sin hacerlas ninguno tiene la menor probabilidad de llegar a ser bueno"[21]. Como la teoría se ocupa de lo que existe ya por sí mismo, no posee la virtud de realizar bien alguno, y así "la reflexión de por sí no pone nada en movimiento, sino la reflexión orientada a un fin y a una práctica"[22]. Por eso, en este caso la verdad no podrá consistir en adecuación alguna por la sencilla razón de que carecemos de un objeto que aparezca por sí, porque estamos ante una realidad que tenemos que hacer surgir nosotros mismos. La verdad práctica

---

17 EN 1142a 30.
18 EN 1141b 15.
19 EN 1139a 30.
20 EN 1103b 26-29.
21 EN 1105b 9-12.
22 EN 1139a 35.

es una verdad operativa. Es algo que ha de ser hecho, producido, realizado, de manera operativa. La verdad práctica debe tener ella misma carácter de praxis. Con frase precisa, aunque de complicada traducción, lo ha explicado el Estagirita: "Las cosas que hay que aprender a hacer, las aprendemos haciéndolas". O en traducción más libre: "Para saber lo que tenemos que hacer hay que hacer lo que queremos saber"[23].

De ahí que Aristóteles sostiene que estamos ante un saber acerca del propio sujeto: "el que sabe sobre uno mismo y actúa en consecuencia es prudente"[24]. El deber-ser aparece como incluido en el ser que en los seres vivos consiste en vivir, y en los seres vivos racionales consiste en vivir conforme a la razón, es decir, en praxis, en actuar racional. Para ello será necesario considerar los medios y los fines de la acción, y deliberar sobre ellos de una manera buena que "consiste en una especie de rectitud"[25] que debe ser "conforme a lo conveniente para el fin aprehendido por la verdadera prudencia"[26].

Nos queda por último tratar de distinguir el conocimiento prudencial del artístico o técnico (τεχνη). Coinciden en ser saberes previos que guían y determinan la acción y en que su objeto no es algo que siempre es como es. En ambos casos se echa mano de un saber previo para elegir bien los medios para resolver una situación concreta. Sin embargo, "los llamamos prudentes cuando razonan bien con vistas a algún fin bueno de los que no son objeto de ningún arte (τεχνη)"[27]. La diferencia entre tales fines queda más clara cuando afirma que "el fin de la producción es distinto de ella, pero el de la acción no puede serlo: la buena actuación misma es un fin"[28].

---

23 EN 1103a 32-33
24 EN 1141b 33.
25 EN 1142b 10.
26 EN 1142b 33.
27 EN 1140a 28-29.
28 EN 1140b 5-7.

Corresponde ya presentar el texto en el que Aristóteles habla de la disposición relevante. Para ello vamos a mantener el término sin traducir. Por lo demás, el resto del texto no parece presentar lecturas distintas salvo alguna excepción. Vamos a echar mano de una de las traducciones comúnmente empleadas[29] aunque no sea la única de las confiables.

> La synesis (συνεσις) y la buena synesis (ευσυνεσια), en virtud de las cuales decimos que los hombres son synéticos (συνετους) o están dotados de buena synesis, no son en absoluto lo mismo que la ciencia o la opinión (en este caso, todos serían synéticos), ni son tampoco una de las ciencias particulares, como la medicina sobre lo concerniente a la salud o la geometría sobre las magnitudes, porque la synesis no se aplica a lo que es siempre e inmóvil, ni lo que de un modo u otro llega a ser, sino a lo que puede presentar dificultades y ser objeto de deliberación. Por tanto, se aplica a lo mismo que la prudencia (φρονεσις), pero no son lo mismo synesis y prudencia. En efecto, la prudencia es normativa: qué se debe hacer o no, tal es el fin que se propone.; mientras que la synesis es sólo discriminativa (κριτικη, "capaz de juzgar" en la traducción de Gredos), pues son lo mismo synesis y buena synesis, synéticos y dotados de buena synesis. La synesis no consiste en tener prudencia ni en alcanzarla, sino que, lo mismo que el aprender se le llama synienai (συνιεναι) tratándose de la ciencia, así también la synesis es lo que se ejercita en la opinión para juzgar las cosas que son objeto de la prudencia cuando habla otro ("cuando alguien habla acerca de ellas" en la traducción de Gredos), y para juzgar rectamente, pues "bien" es lo mismo que "rectamente". Y de ahí le viene el nombre de synesis en virtud del cual se habla de hombres dotados de buena synesis, de la synesis que se ejercita en el aprender; en efecto al aprender lo llamamos muchas veces syneinai (*Ética a Nicómaco* VI 10, 1142b35-1143a18).

---

[29] En concreto usamos la de Julián Marías y María de Araujo (1949), Madrid, Centro de Estudios Constitucionales, 1994, que cuenta con numerosas reimpresiones.

2. LA *SYNESIS* Y LA PRUDENCIA

Después de ver los textos aristotélicos, y para comprender el sentido de la *synesis*, corresponde tratar su relación con la prudencia. Para ello, vamos a detenernos en tres rasgos de dicha relación, a partir en primer lugar de los comentarios que Tomás de Aquino hace a estos pasajes de la *Ética a Nicómaco*. En primer lugar, la diferencia entre ambas parece clara toda vez que "la prudencia es preceptiva, en cuanto que su fin es determinar lo que conviene realizar o no, mientras la *synesis* es sólo judicativa"[30]. En segundo lugar, son virtudes distintas toda vez que sus actos son diferentes[31], al punto de denominar a la *synesis* como virtud adjunta de la prudencia[32]. La *synesis* no es el saber más alto sobre lo práctico porque la prudencia implica mayor saber, por eso, la *synesis* se ordena a la prudencia[33]. En tercer lugar, y en continuidad con lo anterior, "la prudencia es más eminente que la *synesis*, del mismo modo que la *synesis* lo es más que la *eubulia*, porque la inquisición se ordena al juicio como al fin, y el juicio se ordena al precepto"[34]. La prudencia es por tanto un hábito posterior a la *synesis* y superior a él. Por eso mismo, la prudencia no nace de la *synesis* ya que lo superior no procede de lo inferior[35].

Con respecto al primero de los rasgos, los comentadores más recientes inciden de una forma u otra en esa distinción. Hay quien ha llamado la atención sobre la mención que hace Aristóteles de que el objeto del juicio de la *synesis* tiene que ver con las acciones y elecciones de los otros. Por eso, se trataría meramente de un juicio sobre algo hecho por otro y que ya ha ocurrido, lo que significa que el que juzga no se compromete plenamente en el discurso práctico,

---

30 In Ethicorum VI, lect. 9, n. 6. Para este caso y las demás obras del Aquinate se emplea la edición leonina editada por Marietti, Torino.

31 S.Th. II-II, q. 53, a. 3, c. Para las citas de la Suma, se emplea la edición bilingüe de la Biblioteca de Autores Cristianos, Madrid, 1947-1960.

32 S.Th. II-II, q. 48, a. 1, c.

33 In III Sent. d. 33, q. 3, a. 1, qc. 3, c.

34 In Ethicorum VI, lect. 9, n. 6.

35 In Ethicorum VI, lect. 9, n. 4.

cosa que sí ocurre con la prudencia. El que posee *synesis* es solamente un crítico perceptivo y atento[36]. Algo similar se expresa al afirmar que la *synesis* es apreciativa, no imperativa. Por eso el acto de la *synesis* no es eminentemente ético porque valora en orden a la opinión y no a la acción[37], mientras que la prudencia no se ejercita de manera meramente intelectual[38]. Y es que aunque ambas tratan de lo agible, sin embargo la *synesis* capacita para juzgar bien, mientras que a la prudencia pertenece el fin y el complemento, el llevar a término, es decir, mandar lo que procede para actuar[39]. Se puede, por tanto, tener *synesis* y no pasar a la acción[40]. La *synesis* es descrita entonces como una capacidad o disposición crítica, reflexiva, sobre lo práctico y contingente. Lo propio de ella es diferenciar, discriminar, discernir lo particular[41]. Su acto destaca la mejor posibilidad factiva sobre las demás[42]. El objeto de ambos es el mismo, pero sólo la prudencia es imperativa y ejecutiva. La *synesis* no equivale a decidirse, no implica necesariamente la ejecución del juicio sino que permanece en el ámbito del pensamiento[43]. O dicho de otra manera, es la habilidad de comprender, considerar y juzgar cuestiones de relevancia ética en las que no estamos involucrados personalmente

---

36 R. B. Louden, "What is Moral Authority? Eubulía, synesis y gnome vs. frónesis", *Ancient Philosophy* 17 (1997), pp. 112-113.

37 H. Zagal, "Sýnesis, euphyía y anchínoia en Aristóteles. Algunas habilidades para el conocimiento del singular", *Anuario Filosófico* 32 (1999), p. 136.

38 Ch. P. Long, "The ontological reappropiation of phronesis", *Continental Philosophy Review* 35 (2002), p. 45.

39 J. F. Sellés, *Los hábitos intelectuales según Tomás de Aquino*, Pamplona, Eunsa, 2008, p. 348.

40 *Ibid.*, p. 351.

41 F. Rodrigues Montes D'Oca, "Prudencia e astucia na ética aristotélica: um estudo sobre as capacidades intelectuais que acompanham a prudencia", *Controversia* 5 (1) (2009), p. 14.

42 J. F. Sellés, *op. cit.*, p. 352.

43 H. Zagal, "Apetito recto, prudencia y verdad práctica. Las pautas de la eupraxía en la Nicomáquea", *Metafísica y Persona* 5 (9) (2013), p. 100.

como agentes[44] porque estamos juzgando acciones ajenas (pasadas o futuras) o acciones propias pasadas[45].

En relación al segundo de los rasgos, hay diferentes enfoques acerca de si la synesis se ordena a la prudencia y en qué sentido. Pareciera entonces que la *synesis* sería un paso en el desarrollo de la prudencia[46]. La *synesis* precede a y posibilita la prudencia[47], y, en este sentido todo prudente tiene *synesis* pero no todo aquel que tiene *synesis* es prudente[48].

Sin embargo, hay quien, aun reconociendo que la *synesis* es independiente en cierto sentido de la prudencia, sostiene que no se trata de un paso preliminar. La *synesis*, en efecto, inquiere y razona como la prudencia pero no prescribe. En realidad, le falta la esencial conexión con el deseo, que es propia de la prudencia. Por eso mismo, no discierne sobre la acción que queremos o podemos hacer sino sobre la situación práctica inespecífica. Sin el deseo, para Aristóteles, no hay deliberación práctica singular y, por tanto, no hay elección ni acción[49]. En efecto, sin los apetitos las ideas son ineficaces, por eso la verdad práctica es resultado de un apetito y un conocimiento. Más en concreto, la verdad práctica es acción según deseo recto y cálculo verdadero de medios. No es la verdad de un enunciado sino el acierto en la acción. El deseo no es una distorsión indeseable en el conocimiento práctico sino su condición de posibilidad. Sin deseos no conozco el mundo como medio de calmar mis apetitos[50]. Con todo, a mi modo de ver, parece claro que la cuestión radica en qué queremos decir cuando caracterizamos la *synesis* como paso preliminar o paso en el desarrollo de la prudencia. Que la *synesis*

44 A. SIMON, "Sunesis as Ethical Discernemnt in Aristotle", *Rhizomata* 5 (1) (2017), p. 80.
45 *Ibid.*, p. 83.
46 R. B. LOUDEN, *op. cit.*, p. 113.
47 J. F. SELLÉS, *op. cit.*, p. 351.
48 H. ZAGAL, "Apetito recto, prudencia y verdad práctica", cit., p. 100.
49 A. SIMON, *op. cit.*, p. 83.
50 H. ZAGAL, "Apetito recto, prudencia y verdad práctica", cit., p. 105-107.

sea una condición necesaria para que se dé la prudencia no significa que sea un paso hacia ella necesariamente. Por un lado, el juicio de la *synesis* tiene valor por sí mismo. Además, en muchas ocasiones juzgar es precisamente hacer algo, es decir un acto de la prudencia. Por otro lado, comprender la acción prudencial como una secuencia de acciones de otras virtudes, que se van dando una detrás de otra puede no ser la mejor descripción de cómo obra el prudente, como veremos más adelante.

Queda por comentar el tercer rasgo de la relación, que afirma que la prudencia es más eminente que la *synesis* porque el juicio (acto de la *synesis*) se ordena al precepto (acto de la prudencia) y por tanto es superior a ella y no nace de ella. Y es que en realidad habla correctamente de la acción moral y productiva quien la practica[51]. A la *synesis* le faltaría el sentido de totalidad de la prudencia. La verdad práctica se alcanza por la prudencia, no es una verdad del juicio sino de la acción misma[52]. Por el contrario, hay quien sostiene que la *synesis* no es un nivel inferior de la prudencia[53]. De nuevo, la cuestión reside en qué entendemos por inferioridad de una respecto de la otra. Propiamente se puede hablar de superioridad sin pensar en niveles. Pero la superioridad de la prudencia resulta en primer lugar netamente aristotélica. A fin de cuentas, para saber lo que tenemos que hacer, hay que hacer lo que queremos saber[54]. Y aunque, como se dijo, en ocasiones juzgar es hacer, en otros casos no, en la medida en que muchas acciones no se resuelven en juzgar. En este sentido, la perfección humana va mucho más allá del juzgar lo que muestra a las claras la superioridad de la prudencia. En realidad el juicio que hace algo es más bien una verdadera acción prudente que nos hace mejores o peores en sentido auténticamente moral. De todas formas, es cierto que pensar en niveles podría llevar a considerar que la prudencia no es sino la *synesis* junto con la decisión de obrar.

---

51 J. F. Sellés, *op. cit.*, p. 351.
52 H. Zagal, "Apetito recto, prudencia y verdad práctica", cit., p. 105.
53 A. Simon, *op. cit.*, p. 83.
54 EN 1103a, 32-33.

No es así en la medida en que se hace necesario que el prudente ejerza otras virtudes como la *eubulia* y la *gnome*, que son claramente diferentes de la *synesis*. En efecto, una cosa es la capacidad de deliberar bien y otra la de juzgar correctamente, y el juicio depende de cuáles sean los principios desde los que juzgamos[55]. Pero sobre todo el riesgo consiste, a mi juicio, en pensar que primero se ejerce siempre la *synesis* y luego se decide actuar. En realidad, lo característico del acto prudente es que la decisión, mejor dicho la necesidad de decidir y de actuar, preside el juicio de la *synesis* y la buena deliberación. La experiencia común confirma que el fin que es la acción está presente desde el primer momento. Una cosa es juzgar para decidir y otra es juzgar cuando todo va a terminar en el mero juicio. Es decir, si hay que actuar, esta necesidad de decisión preside toda la actividad intelectual del agente. Y entran en juego además otros elementos como los afectivos (el miedo, la precipitación, por ejemplo). Por eso en el caso de la prudencia, el juicio es muy distinto. Que podamos distinguir entre acciones y sus correspondientes hábitos, y que podamos señalar la preeminencia o superioridad de unos sobre otros, no significa que se den en una sucesión temporal necesaria como si cada uno fuera una fase del proceso de decidir. A este respecto, podemos volver ahora a la cuestión de que en ocasiones juzgar supone también una acción con relevancia ética. En efecto, cabe la calumnia, la temeridad, la promesa, las palabras de afecto o de ánimo. En definitiva, que hacemos cosas con palabras[56]. De ahí que un ejemplo de *synesis* en puridad requeriría un juicio completamente descomprometido por parte del hablante. De ordinario lo que decimos nos hace mejores o peores, son en definitiva acciones inmanentes. Cuestión diferente es si la *synesis* se diera también en

---

55 S. J. Jensen, "Of *Gnome* and *Gnomes*: The Virtue of Higher Discernment and the Production of Monsters", *American Catholic Philosophical Quarterly* 82 (2008), pp. 411-416.

56 En este punto, es conocida la referencia obligada a J. L. Austin, *How to do things with words*, Oxford, Clarendon Press, 1962. Hay traducción al castellano de Genaro R. Carrió y Eduardo A. Rabossi, *Palabras y acciones. Cómo hacer cosas con palabras*, Buenos Aires, Editorial Paidós, 1971.

las acciones poiéticas, como el arte o la técnica, cosa que excede nuestro propósito.

3. EL CARÁCTER DIALÓGICO DE LA *SYNESIS*

Algunos autores han insistido en que la *synesis* se caracteriza muy especialmente por su carácter dialógico. La mención que hace Aristóteles de que la *synesis* trata acerca de las cosas que son objeto de la prudencia cuando habla otro, así como el estudio etimológico del término, ha llevado a desarrollar el carácter dialógico de la misma.

En realidad, el punto de partida es un comentario de Gadamer al respecto. En efecto, Gadamer sostiene que el acto propio de la *synesis* es un juicio moral que no trata de uno mismo sino de otro. Se da cuando quien juzga se desplaza por completo a la plena comprensión de la situación a juzgar[57], lo que requiere como presupuesto encontrarse en una relación de comunidad con el otro[58]. El paradigma que tiene en mente es el consejo ante el problema de conciencia. Así quien tiene *synesis* juzga desde una posición no externa sino afectada, porque se une al otro, piensa con él[59]. De manera que implica una especie de elemento común que da sentido al dar o recibir un consejo. Por eso, sólo los amigos pueden aconsejar[60].

A partir de aquí hay quien ha insistido en que tal carácter dialógico es propio de la naturaleza de la prudencia aristotélica, porque ésta no opera aisladamente sino que se dirige hacia lo otro y abre el espacio a la crítica. Aunque no falte en la prudencia un elemento

---

57 H-G. GADAMER, *Verdad y Método* (1960), traducción de Ana Agud Aparicio y Rafael de Agapito, Salamnca, Sígueme, 1977, p. 394.

58 *Ibid.*, p. 395.

59 *Ibidem*.

60 H-G. GADAMER, "Hermeneutik als theoretische und praktische Aufgabe", *Rechtstheorie* 9 (1978). Se cita por *Verdad y Método II*, traducción de Manuel Olasagasti, Salamnca, Sígueme, 1992, p. 306.

autorreferencial que da razón a la responsabilidad de la acción[61]. En este sentido, precisamente el significado literal de *synesis* sería juntarse o encontrarse juntos[62]. El verbo del que procede (*syneinai*) enlaza con los verbos relacionados con el sentido de la vista que significan ver juntos o compartir el conocimiento de algo. El conjunto de palabras relacionadas muestran que el término se refiere a un tipo de uso de la inteligencia dirigido hacia e íntimamente relacionado con los otros[63]. La expresión aristotélica sugiere que en efecto la *synesis* no se persigue aisladamente sino de manera dialógica. Es entonces una habilidad de ponerse en la situación del otro, de escucharle y de dirigir al sujeto más allá de él[64].

Al mismo tiempo, que la *synesis* juzgue a través de la *doxa* muestra que no se alcanza aisladamente sino en el encuentro dialógico con los otros[65]. Es entonces un comprender para decidir, comprender a los otros, aprender de su experiencia y juzgar qué es lo mejor para ellos. Por eso, el conocimiento educativo es un buen ejemplo de la *synesis* porque requiere auténtica comprensión humana, que demanda simpatía y empatía con el otro[66].

Todavía cabe ahondar más en el elemento interpersonal. A este respecto, el uso del verbo *synienai* en la Metafísica de Aristóteles, con el sentido de "entender al otro" reforzaría esta perspectiva[67]. Tal verbo, referido a la actividad mental, indica la capacidad intelectual para unificar las cosas de modo que se alcanza en un punto a

---

61 Ch. P. Long, *op. cit.*, pp. 43-44.

62 *Ibid.*, p. 46.

63 *Ibid.*, p. 58, nota 2.

64 *Ibid.*, p. 46.

65 E. Isidori, "Education as Synesis. A Hermeneutical Contribution to the Pedagogical Theory of Educational Practice", *Procedia. Social and Behavioral Sciences* 197 (2015), p. 533.

66 *Ibid.*, pp. 533-534.

67 A. Simon, *op. cit.*, pp. 81-82.

captarlas y conocerlas[68]. Significa al mismo tiempo, percibir y venir juntos. Otros usos en el propio Aristóteles tienen el sentido de escuchar o entender lo que otro dice[69].

A mi juicio, hay que tener presente los usos de la palabra y su etimología, aunque haría falta mayor claridad para referirse al carácter dialógico de la *synesis*. Por un lado, parece claro que se trata de una forma de comprender que guarda algún tipo de analogía con el ver y el escuchar. Esta cuestión parece un tanto sorprendente a priori porque la *synesis* es una habilidad para juzgar, lo que supone aparentemente unir dos elementos que estaban separados a través de una operación intelectual. Mientras que ver y escuchar son acciones de los sentidos externos. Habrá ocasión de volver más adelante sobre este particular. Por otro lado, se echa en falta mayor claridad al hablar del aspecto dialógico, comunitario, interpersonal. En cierto sentido, todo conocimiento práctico tiene ese carácter, en la medida en que no estamos solos en el mundo. Nuestro conocimiento necesita de los demás y se dirige a unos bienes que se alcanzan y se comparten con los demás, aunque solamente sea porque hemos aprendido a través de los demás a comprender e incluso a sentir. Es el ser humano el que es interpersonal y dialógico. En este aspecto, no parecería aportar demasiado la insistencia en este punto. La cuestión es qué alcance tiene en el caso de la *synesis*. Ocurre que al mismo tiempo que seres coexistentes, nuestra posibilidad de conocer al otro es manifiestamente limitada. En cierto punto somos incomunicables. Pareciera entonces que lo característico de quien posee *synesis* es que logra mejor que nadie superar en lo posible esa incomunicabilidad. Es decir que comprende más intensamente o de manera más perfecta lo que el otro piensa y vivencia. A mi modo de ver el ejemplo que tiene en mente Gadamer cuando habla del consejo frente al problema de conciencia es solamente uno entre

---

68 C. D. C. Reeve, *Aristotle on Practical Wisdom. Nicomachean Ethics VI*. Translated with Introduction, Analysis and Commentary by C. D. C: Reeve, Cambridge (Mass.), Harvard University Press, p. 224.

69 A. Simon, *op. cit.*, p. 82.

muchos otros y muy variados paradigmas. Isidori lleva la cuestión al terreno de la educación como ámbito que conoce y en el que se mueve. Pero podríamos extenderlo a todas las relaciones interpersonales de mayor o menor intimidad. La *synesis* es provechosa para comprender situaciones familiares, profesionales, de negocios, de vecindad, etc. En realidad, si el objeto de la razón práctica es lo contingente y posible, lo es porque depende de la acción humana libre. Por eso, todo juicio excelente sobre tales acciones requiere de la capacidad de hacerse cargo, ponerse en la situación, comprender en definitiva tales acciones en la medida de lo posible.

4. LA NATURALEZA DE LA *SYNESIS*

Podemos afrontar ya la cuestión de cómo opera la *synesis*. Si bien es cierto que Gadamer en un trabajo de 1978 sostiene que la *synesis* es un enjuiciamiento intuitivo[70], y Louden en un artículo de 1997 afirma que se trata de un juicio con precisión (*accurately*)[71]; ha sido Héctor Zagal quien ha dedicado mayor empeño en caracterizar la *synesis*. Para ello, toma pie de algunos elementos que están presentes en el texto aristotélico. En especial, la presencia de la sensibilidad en el conocimiento prudencial que lleva a Aristóteles a afirmar que reconocer que un singular es instancia de un universal corresponde a la sensibilidad, como en el ejemplo de reconocer un triángulo[72]. Es un conocimiento hasta cierto punto sensible. Por otro lado, Aristóteles afirma que al aprender se le llama comprender, y de hecho la *synesis* ha derivado su nombre de la acepción que tiene en el aprendizaje porque a menudo al aprender le llamamos comprender[73]. De ahí que Gadamer comente que la palabra griega aparece en el contexto neutral del aprendizaje y en una proximidad intercam-

---

70 H-G. GADAMER, *Verdad y Método II*, cit., p. 305.

71 R. B. LOUDEN, op. cit., p. 113.

72 H. ZAGAL, "Sýnesis, euphyía y anchínoia en Aristóteles", cit., pp. 131-132.

73 *Ibid.*, p. 134.

biable con la palabra griega que designa el aprendizaje[74]. También llama la atención el hecho de que Aristóteles llame penetrantes o de perfecta comprensión a quienes poseen *synesis*. Y por último trae a colación un ejemplo tangencial de los Primeros Analíticos donde Aristóteles dice que predicar de la justicia "el bien es un bien" es falso e incomprensible (*ou synetón*)[75]. Con estos antecedentes, Zagal sostiene que la *synesis* es la captación inmediata de la eticidad de una acción. Quien la posee, aprehende rápidamente si una acción está en consonancia con la ley universal. Es más, el que tiene *synesis* juzga, el prudente razona. El juicio de la *synesis* es una operación simple y no el resultado de un argumento. La prudencia es procesal, deliberativa, no necesariamente rápida y presta. La *synesis* es penetración rápida[76]. Con todo, reconoce que la prudencia tampoco es puramente procesal o discursiva porque el acto prudente presenta un momento no discursivo: el de la decisión, que es un salto que obedece a una intelección inmediata[77]. También Isidori sostiene que la *synesis* es opuesta a la *dianoia*, es decir a lo discursivo[78].

Se pone de manifiesto con la *synesis* que en la vida moral existe o puede existir una capacidad o habilidad no discursiva: algunos *ven* la eticidad de una acción sin mediación del discurso racional[79]. Y es que en definitiva Aristóteles sabría que el conocimiento discursivo no puede ser explicado radicalmente sino a través del conocimiento no discursivo. Los principios de la argumentación no son argumentables ni analizables *stricto sensu*. Las condiciones de posibilidad del discurso racional no son objeto de análisis ni argumentación directa[80]. Con todo, Zagal reconoce y lamenta la brevedad con la

---

74 H-G. Gadamer, *Verdad y Método II*, cit., p. 305.
75 H. Zagal, "Sýnesis, euphyía y anchínoia en Aristóteles", cit., p. 135
76 *Ibidem*.
77 *Ibid.*, p. 136.
78 E. Isidori, *op. cit.*, p. 532.
79 H. Zagal, "Sýnesis, euphyía y anchínoia en Aristóteles", cit., p. 137..
80 *Ibid.*, pp. 144-145.

que Aristóteles se refiere a la cuestión y la falta de mayores explicaciones[81].

A partir de aquí no hay otros comentarios que hagan referencias en este mismo sentido. Aun así, Long habla de la *synesis* como una habilidad para captar (*to grasp*) la naturaleza de una situación, pero a través de una autorreflexión crítica, no con una captación (de nuevo, *grasp*) inmediata de la verdad[82]. Y cuando trata la posibilidad de un conocimiento inmediato en la prudencia, al modo del *nous*, no menciona la *synesis*[83]. Isidori sigue a Long en este punto, pero luego afirma que la *synesis* es una penetración rápida en la eticidad de una acción y no una operación discursiva que se pueda analizar[84]. Por último, Simon insiste en que la *synesis* es un género de captar (*to grasp*) y entender que se parece al momento propio del aprendizaje en que algo se capta[85]. Aunque a la vez sostiene que la *synesis* inquiere y razona como la prudencia[86].

A mi juicio, se puede añadir en primer lugar la impresión que dejan todas las referencias a la etimología del término. Y es que muestra precisamente la cercanía de la palabra con los verbos ver y escuchar. Si se ponen en relación otros términos cercanos como entender, percibir o comprender, se pone de manifiesto la relación de nuestros usos comunes de ver algo en el sentido de comprenderlo, entenderlo o captarlo. De hecho el verbo inglés *to grasp* significa al mismo tiempo agarrar, asir y también percibir, entender. Por eso, captación puede ser una buena traducción de *synesis* siempre que quede claro que estamos hablando de una operación intelectual. Lo singular de este uso es que expresa muy bien que existe un momento en el que por fin se comprende o entiende algo. No hay un proceso sino que antes no se entendía y finalmente se capta, se ve, se

---

81 *Ibid.*, pp. 132, 133 y 137.

82 Ch. P. Long, *op.cit.*, p. 46.

83 *Ibid.*, pp. 50-52.

84 E. Isidori, *op. cit.*, p. 533.

85 A. Simon, *op. cit.*, p. 81.

86 *Ibid.*, p. 83.

encuentra, se alcanza la comprensión. Precisamente lo característico de ver y escuchar es que no son procesos. O se ve o no se ve. O se oye o no se oye. Se ven colores o no se ve nada. Se escuchan sonidos o no se escucha nada. Cuando decimos que vemos borroso, lo que queremos decir es que no reconocemos la figura de nada, pero estamos viendo. Igualmente la expresión oír mal quiere decir que no reconocemos palabras o música o el significado que tenga el sonido que oímos. Emplear tales verbos referidos al conocimiento intelectual es una manera de señalar que no hay un proceso sino que en un punto pasamos de la no comprensión a la comprensión. No deja de ser llamativo que empleamos la expresión "caer en la cuenta" para decir lo mismo. Caer tiene una manifiesta connotación de sorpresa, porque lo habitual es que uno no se cae cuando quiere ni cuando lo espera. Para eso hablamos de "dejarse caer" o de "tirarse al suelo". El elemento sorpresivo manifiesta ese pasar del cero al uno, por decirlo en términos informáticos, del no entender al entender.

En este mismo sentido cobra fuerza el hecho de que Aristóteles hable de aprendizaje para tratar de explicar la *synesis*. Precisamente en el aprendizaje de la matemática se vivencia ese paso del no entender al entender. Entender o comprender un determinado género de problema matemático es precisamente pasar de la incapacidad para resolverlo a la capacidad para hacerlo. Todos hemos experimentado que se trata de un momento o instante en el captamos por fin cómo se resuelve. Y a partir de ese momento podemos resolver siempre ese tipo de operaciones. Si la resolución tiene determinados pasos, entonces esa diferencia entre comprender y no comprender se aplica a cada uno de esos pasos. Por lo anterior se entiende que el conocimiento matemático sea ordenado, de manera que se van adquiriendo las operaciones más simples primero, que son las necesarias para resolver operaciones más complejas. Si se tratara de aplicar una técnica bastaría seguir las instrucciones de uso. Pero en el ámbito de la matemática cada paso exige por así decirlo un salto en la comprensión. El ejemplo mencionado es quizá el más patente e invoca una experiencia común. Pero son muchos otros los ámbitos donde la inteligencia pasa del no entender o no comprender a la comprensión plena[87]. La analogía aristotélica del aprendizaje es un motivo más para considerar plausible la interpretación de la synesis como no discursiva. En realidad, en los ejemplos de acciones que hemos puesto al principio (relaciones educativas, laborales, médicas) podemos encontrar de nuevo este paso de la no comprensión a la comprensión de una situación, sin necesidad de discurso racional ni argumentación. La posibilidad y la experiencia de una respuesta acertada inmediata indican que hay una capacidad intelectual distinta de la deliberación.

Lo anterior ayuda a entender la referencia a que se trata de un conocimiento hasta cierto punto sensible. Y es que lo dicho de la vista y del oído puede decirse de todos los sentidos externos. Todavía puede comentarse algo más al respecto como veremos, pero en este punto es suficiente resaltar la semejanza.

Con todo, a mi modo de ver, no se entiende del todo la necesidad de distinguir entre la *synesis* y la prudencia en este punto. Si el prudente posee *synesis* no se entiende que necesite de la deliberación para actuar. Si ha captado la eticidad de la acción, puede obrar conforme a ella. Tal vez por eso se nos dice que la prudencia no es necesariamente rápida y presta. Ocurre en muchas ocasiones que el juicio de la *synesis* no es completo o no es posible que sea completo y entonces aparece la deliberación. Es más, lo propio del prudente en esos casos es deliberar. Al mismo tiempo, como ya se ha dicho, al que tiene *synesis* puede faltarle prudencia o no necesitar de ella porque no tiene que obrar de ningún modo sino que puede permanecer en el mero juicio.

Es posible además añadir algunas consideraciones más de la naturaleza de la *synesis*. Por un lado, vale la pena señalar que lo propio de la *synesis* no es considerar todas las posibilidades de acción y elegir la mejor. Esto es precisamente lo que hace la deliberación. Lo característico de quien posee *synesis* es que ve solamente la mejor

---

87 En el ámbito de determinados juegos mentales, como el sudoku o los jeroglíficos, volvemos a experimentar algo similar.

opción. Dicho de otro modo, se focaliza en lo relevante al punto de no considerar siquiera lo irrelevante. La inmediatez de su juicio requiere precisamente ser capaz de entender lo que es relevante sin necesidad de comparar nada. Dicho de otro modo, dar con la razón que derrota cualquier otra que se presente, aunque sin necesidad de hacerlas comparecer siquiera. Por eso, quien penetra de modo rápido y certero en un problema lo hace por su capacidad para focalizarse en lo verdaderamente relevante. Cuando se le pide que dé razón de su juicio, lo que llama la atención es precisamente que en muchas ocasiones es una única razón, consistente precisamente en el elemento que se presenta a los demás como el más importante al punto de derrotar los argumentos contrarios que uno pueda considerar.

Lo anterior, nos ofrece un rasgo más.Y es que lo característico de quien posee synesis es también su capacidad precisamente para juzgar con precisión y rapidez situaciones nuevas. Dicho de otro modo, el que tiene *synesis* no posee necesariamente una supuestamente enorme memoria en la que encuentra la solución porque vivió anteriormente esa misma experiencia. En el fondo, en esto consiste el hábito: no en una capacidad excelente de memoria y comparación, sino en una forma de ser. La clásica expresión "segunda naturaleza" expresa, de manera más o menos precisa, que el agente posee un rasgo en su forma de ser que le hace excelente y parte de esa excelencia consiste en resolver situaciones por las que todavía no ha pasado. En este punto vale la pena volver al ejemplo de las decisiones en el ámbito laboral y desarrollarlo más.Y es que contratar a una persona para ocupar un puesto en una organización no pasa de ser siempre una misión aparentemente imposible. Por la sencilla razón de que esa persona no conoce de antemano el carácter de quienes le van a rodear sean éstos sus subordinados, superiores, iguales o personas ajenas en forma por ejemplo de clientes, proveedores, competidores, en el caso de ser una empresa. Del mismo modo lo habitual es que no conozca el pasado de dicha organización, que está formado entre otras cosas pero principalmente por las vivencias de todos aquellos que le van a rodear y acabamos de mencionar. La elección del mejor indicado puede basarse en su buen desempeño en otras organizaciones pero no deja de ser un buen desempeño en otros lugares, con personas y contextos distintos. Lo único que cabe entonces es tratar de encontrar a alguien que tenga determinada forma de ser, determinado carácter, es decir con un conjunto de habilidades, disposiciones o excelencias que formen parte de él y que coincidan con las que ese momento y lugar de esa organización parecieran necesitar. La persona que mejor coincida con el carácter requerido tendrá mayores posibilidades de responder con acierto a las innumerables situaciones en las que se va a encontrar con respecto a todo ese género de personas que hemos mencionado. Porque en realidad su respuesta será la que encuentre en su propio modo de ser, de una manera inmediata, en esas numerosas ocasiones en las que no es posible ni deseable la deliberación ni el consejo. Entre otras cosas porque las situaciones a las que se va a enfrentar serán nuevas para él y por tanto carece de una situación análoga en la memoria de la que poder echar mano. El ejemplo mencionado pone de manifiesto que no estamos ante una búsqueda llevada a cabo por la memoria sino ante el resultado en buena medida de un hábito de la conducta que forma parte de una manera de ser.

5. LA *SYNESIS* EN LA TEORÍA DEL CONOCIMIENTO JURÍDICO

Llega el momento de considerar qué relevancia tiene para una teoría del conocimiento jurídico. En este punto, se pretende ahora solamente una aproximación a los aspectos que se juzgan más relevantes, sin pretender agotar la cuestión, lo que exigiría en realidad un nuevo trabajo. Podemos partir, a mi juicio, de la superación del conocido silogismo de subsunción por una visión de la determinación del Derecho que lo entiende como un proceso de acercamiento de las normas al caso y del caso a las normas. Y es que, como se ha indicado con precisión, habría al menos tres operaciones que no pueden llevarse a cabo sin el concurso creativo y valorativo de operador jurídico y no son, por tanto, el fruto de una tarea deductiva o subsuntiva[88]. En primer lugar, la selección de la norma aplicable, que no está disponible como opción única y exclusiva[89]. En segundo lugar, la equiparación entre el supuesto de hecho de la norma, que es siempre general y abstracto, y los hechos del caso que se presentan como hechos brutos y deben transformarse en un enunciado que permita equipararlos al supuesto de hecho de la norma[90]. Por último, la determinación de la consecuencia jurídica, también abstracta y general en algunas de las distintas normas cuyo concurso es preciso para determinar la solución al caso[91].

Por el contrario, tenemos una excelente descripción, que puede servir de punto de partida, cuando se explica la decisión como un proceso donde se da un "ir y venir de la mirada" de las normas a los hechos y de los hechos a las normas, en el intento de seleccionar los hechos jurídicamente relevantes y de obtener las interpretaciones de las normas que conduzcan a dar una respuesta al conflicto a resolver[92]. Es decir, para que de una norma legal abstracta y un caso amorfo pueda surgir un supuesto de hecho y un hecho típico, "necesitan norma y caso ser tratados de manera que muestren su significación. Pero para ello no basta un acto aislado, sino que es necesario un intercambio cíclico de vaivén desde la ley hacia el caso, y viceversa. Si, de un lado, la adecuación de la ley al caso depende de la forma como se haya entendido previamente el caso, no es posible

---

88 P. SERNA, *Filosofía del Derecho y paradigmas epistemológicos. De la crisis del positivismo a las teorías de la argumentación jurídica y sus problemas*, México, Porrúa, 2006, p. 11.

89 L. LOMBARDI VALLAURI, *Saggio sul diritto giurisprudenziale*, Milano, Giuffre, 1975, p. 264.

90 K. LARENZ, *Metodología de la Ciencia del Derecho*, 4ª ed., traducción de M. Rodríguez Molinero, Barcelona, Ariel, 1994, pp. 267-275.

91 *Ibid.*, pp. 270-271.

92 La expresión original es de Engisch (K. ENGISCH, *Logische Studien zur Gesetzesanwendung*, 3ª ed., Heidelberg, Carl Winter–Universitätsverlag, 1963, p. 15) y su traducción, de Rodríguez Molinero (M. RODRÍGUEZ MOLINERO, *Introducción a la Ciencia del Derecho,* Salamanca, Librería Cervantes, 1998, p. 210, nota 17).

en contrapartida captar esta significación del caso sin una previa inteligencia de la ley. Únicamente se podrá hacer el ajuste de uno a otra (...) cuando supuesto de hecho y hecho típico hayan tomado cuerpo en un contacto mutuo que establezca entre ellos una relación de correspondencia"[93]. En realidad, el aplicador del Derecho no va a los textos normativos a buscar una solución para el caso sino una base autorizada para justificar la decisión previamente adoptada sobre el caso, es decir, no aspira a encontrar una solución que ya tiene, sino su justificación, aunque presente el resultado de su decisión como una derivación razonada del ordenamiento vigente[94].

Aun sin necesidad de determinar cuál de las dos miradas es la primera porque ambos elementos, hechos y normas, son necesarios, pareciera que cada nueva mirada supone un crecimiento en el conocimiento que se busca. De ahí que cada vez más los hechos y las normas van adquiriendo una interpretación más completa, es decir, una mejor comprensión. La conocida imagen de la espiral hermenéutica sirve para mostrar ese crecimiento y escapar de la circularidad[95]. Ese mirar los hechos desde el punto de vista del Derecho y mirar el Derecho desde el punto de vista de los acontecimientos está presidido por la necesidad de tomar una decisión vinculante. Por eso es un acto de la prudencia, porque desde su origen lo guía el propósito de dar una respuesta que crea un curso de acción obligatorio, bien es verdad que para otros. En este punto, aunque excede nuestro propósito, parece que es la excelencia de la buena deliberación lo que preside el razonamiento del jurista. Ahora bien, es fácil advertir que ese ir y venir se detiene en un momento dado.

---

93 A. Kaufmann, "Gedanken zu einer ontologischen Grundlegung der juristischen Hermeneutik" en AA.VV., *Europäisches Rechtsdenken in Geschichte und Gegenwart. Festschrift für Helmut Coing zum. 70. Geburtstag*, Vol. I. Munich, Beck, 1982, pp. 540-541.

94 *Ibid.*, p. 544.

95 W. Hassemer, *Tatbestand und Typus. Untersuchungen zur strafrechtlichen Hermeneutik,* Colonia, Carl Heymanns, 1968, pp. 96 y ss. La referencia a la espiral, en p. 107. También en A. Kaufmann, "La espiral hermenéutica", trad. J. A. Santos, *Persona y Derecho* 52 (2005-1), pp. 405-410.

Cabe preguntarse por qué se detiene en ese momento preciso y la respuesta evidente es porque el intérprete no necesita ir más allá porque cree haber alcanzado la solución. Parece claro que no ha encontrado la solución a través de un proceso meramente deductivo ni demostrativo. Pero, si no ha sido a través de una deducción, ¿cómo se ha hecho presente tal solución? ¿De qué manera ha sido encontrada o se le ha aparecido? A mi modo de ver es precisamente la excelencia que Aristóteles denomina *synesis* la que lo explica. Lo que se ha activado es esa capacidad para penetrar de manera rápida y precisa en la juridicidad de una acción, o mejor dicho de un conjunto de acciones. Es evidente que unos necesitan más tiempo que otros en alcanzar la solución que a su entender resulta correcta. El motivo es simplemente que unos poseen dicha excelencia en mayor grado que otros, habitualmente referida a una rama o a un sector de la realidad jurídica. Cuanta más *synesis* tiene el intérprete, menos necesita del ir y venir para encontrar la solución. Ocurre en el ámbito del Derecho que, una vez encontrada, es preciso construir una fundamentación lo más completa y clara que se considere necesaria. Por eso, el razonamiento jurídico tiene un momento productivo, que no es el caso considerar. En ese momento productivo se puede comprobar si lo que se le presentó al intérprete como solución es tal o no. Es decir, es un momento donde la deliberación se hace presente de nuevo. Pero lo único que puede detener el proceso de búsqueda es un hallazgo que marca la diferencia entre un no tener solución y tenerla. Como se ve, de intento evito emplear expresiones con carga metafórica, como por ejemplo, la del salto a la solución.

Para encontrar la respuesta al caso tiene que darse al menos un momento donde actúa la *synesis*, aunque se puede imaginar que pueda ocurrir en el curso de la deliberación que haya otros momentos similares aunque no definitivos, como cuando se decida abandonar una posible interpretación o se descubran elementos relevantes que antes no se habían percibido. Más aun, la decisión del intérprete de encarar los hechos desde una determinada perspectiva y no desde las otras numerosas posibilidades que le ofrece el Derecho, supone también un juicio de la *synesis*. Igualmente las casi innumerables interpretaciones posibles de una norma o de un hecho que el intérprete ni siquiera toma en consideración son de nuevo consecuencia de un juicio de la *synesis*, que le lleva como vimos a no considerar aspectos que el lego en el Derecho o el más obtuso tal vez necesitaría valorar.

Al margen de lo anterior, tal vez donde se hace más presente la realidad de la *synesis* sea en los denominados casos fáciles, donde por ejemplo el intérprete advierte que si ha llegado a sus manos es más por una cuestión de estrategia procesal o de simple empecinamiento de una de las partes. En esas situaciones la impresión de la no necesidad de deliberación puede ser más fuerte. Pero, como se vio, en todos los casos hay al menos un momento que no es deliberativo sino que supone un comprender o entender lo que hasta hace un instante no se comprendía o entendía. Es decir, un momento que reproduce lo que ocurre como vimos en el aprendizaje matemático, en la adquisición de la capacidad para resolver un tipo de problemas que era desconocido para el sujeto.

Llegados a este punto son muchos los aspectos a considerar para trabajos posteriores. Por ejemplo, la pregunta por cómo se adquiere la *synesis*. Igualmente cabe interrogarse si puede ser aprendida o incluso si puede ser enseñada. Y en ese sentido, quedan abiertas otras cuestiones como la posible presencia de otros aspectos no discursivos e igualmente racionales.

6. *EXCURSUS*: UNA POSIBLE TRADUCCIÓN

Para terminar, corresponde hacer un breve *excursus* sobre la traducción del término *synesis*. En un trabajo reciente se ha señalado que la mayoría de los términos que Aristóteles emplea en el libro VI de la *Ética a Nicómaco*, no son innovaciones lingüísticas sino términos bien conocidos a través de las obras de Platón y de otros filósofos, así como de retóricos y literatos. Aunque, como la Ética no tiene un objeto tan estricto como otros objetos, tampoco el lenguaje de la Ética es tan estricto como el de la Lógica o la Matemática[96]. Con todo, el problema de las traducciones de esta palabra reside en que se emplean términos que tienen muchos otros significados y que se usan ordinariamente con otro sentido. Las versiones más conocidas en castellano lo traducen como "entendimiento"[97] y como "inteligencia"[98]. El comentario de Tomás de Aquino que se mencionó transcribe en principio la palabra *synesis*, aunque en otra obra se anima a emplear la traducción de *sensatus*, que podría llevar a traducir *synesis* por sensatez[99]. Si acudimos a algunas clásicas traducciones inglesas, encontramos quienes lo traducen por *intelligence*[100], quien emplea *understanding*[101] y quien usa *judgement*[102].

A mi modo de ver, poseemos en castellano un término que recoge bien lo que se ha venido diciendo de la *synesis*. Tiene además la ventaja de tener un único significado y de ser de uso común, aunque tal vez no demasiado frecuente. Por otro lado, la etimología latina del término encaja correctamente con la caracterización que hemos hecho de la *synesis* y que remite además a la expresión griega. Y es que poseemos una palabra que tiene como raíz el verbo latino *spicere*, que significa "ver" y "mirar". Además esa misma palabra tiene un prefijo que significa en latín al mismo tiempo "a través de" y "por completo". Por último, el adjetivo que refiere a quien la posee tiene una terminación (-az), también de origen latina, que indica una

---

96 M. A. SOLOPOVA, "Aristotle on the Intellectual Virtues: On the Meaning of the Notions of Consideration (gnome) and Consideration (syngnomé) in *Nicomachean Ethics*", *Russian Studies in Philosophy* 54 (6) (2016), pp. 520-521.

97 Traducción de Julián Marías y María de Araujo, Madrid, Instituto de Estudios Políticos, 1958, con numerosas reimpresiones; y traducción de Julio Pallí Bonet, Madrid, Gredos, 1985.

98 Traducción de José Luis Calvo Martínez, Madrid Alianza, 2001.

99 S.Th. II-II, q. 51, a. 3. c.

100 Traducción de F. H. Peters, London, Kegan Paul, 1893; y traducción de D. P. Chasse, London, Routledge, 1910.

101 Traducción de D. Ross, revisada por L. Brown, Oxford, Oxford University Press, 2009.

102 Traducción de R. Crisp, Cambridge University Press, 2004. Pueden encontarse más ejemplos en el trabajo de F. RODRIGUES MONTES D'OCA, cit., nota 1.

fuerte tendencia (como en locuaz, veraz, voraz, feraz). Me refiero al término "perspicacia", cualidad de "perspicaz". Si unimos lo dicho hasta ahora, se entiende que hace referencia a ver por completo, a través de y con intensidad. La insistencia en que se trata de una operación intelectual asimilable a la visión, que penetra en la realidad de las cosas, logrando un conocimiento completo e intenso, queda bien reflejada en la palabra "perspicacia". Sinónimo de ésta es "agudeza", pero este término tiene otros muchos sentidos más usuales en el momento presente, donde casi nadie la entiende con el sentido de perspicacia. Además carece de la fuerza etimológica de "perspicacia".

Capítulo II

La *gnome* aristotélica

En el capítulo anterior he considerado con cierto detenimiento la primera de esas dos disposiciones judicativas, la que Aristóteles denomina *synesis*. En este apartado vamos a detenernos en la segunda de ellas, la *gnome*. Por caracterizarla brevemente de manera introductoria, se puede decir que tiene por objeto el caso excepcional. Por lo anterior, la finalidad de estas páginas es mostrar que en el ámbito del juicio práctico hay al menos un elemento no discursivo, y tratar de comprenderlo. Aún más, se trata de mostrar que ese elemento, aunque no sea discursivo, no es irracional. En este sentido, tiene propósitos similares al estudio previo ya mencionado. Con todo, la singularidad de la *gnome* con respecto a la *synesis*, revela aspectos particulares del conocimiento jurídico. De ahí que el segundo objetivo de este capítulo sea el de formular las bases para una comprensión del tratamiento de la excepcionalidad en el razonamiento jurídico.

1. LA *GNOME* EN EL CONTEXTO DE LA RAZÓN PRÁCTICA EN ARISTÓTELES

Para comprender la naturaleza de la *gnome*, es necesario partir del sentido aristotélico de prudencia que se ha tratado en el capítulo anterior.

Con todo, para ubicar adecuadamente la prudencia aristotélica, puede ser conveniente hacer algunas reflexiones más, que son de interés para tratar la excepcionalidad. Por un lado, cabe todavía preguntarse qué género de conocimiento tiene el prudente del que los demás carecen. Podría pensarse que la diferencia radica en que el prudente sabe mucho, conoce en profundidad un sistema de principios morales. Sin embargo, es fácil advertir que en este caso quedaría sin explicar por qué Aristóteles se dedica a explorar las capacidades intelectuales del prudente. Más bien, comprender qué es ser prudente es entender las capacidades perceptivas que le hacen ver correctamente lo que hay que hacer. Puede que su superioridad no radique en esto exclusivamente, pero al menos es una condición necesaria. Hursthouse ha llamado modelo perceptivo a esto último[103].

En este sentido, puede afirmarse que el uso práctico de la razón no es para Aristóteles un modelo teórico para administrar la incertidumbre moral, ni un cálculo de medios y fines[104]. Lo que alcanza la prudencia es la verdad práctica, es decir, que se da a la vez un deseo recto del fin y un conocimiento verdadero del medio. Verdad práctica es acción según deseo recto y cálculo verdadero de los medios. No es una verdad de los enunciados sobre la acción sino el acierto en la acción: no es verdad del juicio sino de la acción misma. La verdad práctica es el resultado de un apetito y de un conocimiento[105].

De ahí que las virtudes son fines generales de validez absoluta y universal que permiten a la razón práctica individuar la acción concreta a realizar. Las virtudes, en cuanto que son principios prácticos de la razón y exigencias éticas originarias, no admiten excepciones[106]. Porque una ética de la virtud en sentido técnico no es simplemente una ética que asume las virtudes morales como un esquema clasificatorio de los problemas éticos a resolver[107].

---

103 R. Hursthouse, "Practical wisdom: a mundane account", *Proceedings of the Aristotelian Society* 106 (2006), pp. 286-287.

104 H. Zagal, "Apetito recto, prudencia y verdad práctica. Las pautas de la eupraxía en la Nicomáquea", *Metafísica y Persona* 5 (9) (2013), p. 99.

105 *Ibid.*, pp. 105-106.

106 A. Rodríguez Luño, "La virtù dell'epicheia. Teoria, storia e applicazione (II). Dal *cursus theologicus* dei *Salmanticensis* fino ai nostri giorni", *Acta Philosophica* 7 (1998), pp. 74-75.

107 A. Rodríguez Luño, "La virtù dell'epicheia. Teoria, storia e applicazione (I). Dalla Grecia classica fino a F. Suárez", *Acta Philosophica* 6 (1997), p. 202.

Corresponde ya presentar el texto en el que Aristóteles habla de la disposición relevante. Para ello vamos a mantener algunos términos sin traducir. Por lo demás, el resto del texto no parece presentar lecturas distintas salvo alguna excepción: vamos a traducir *epieicheia* (επιεικεία) por epiqueya y no por equidad, y *epieikes* (επιεικές) por perteneciente a la epiqueya. Vamos a echar mano de una de las traducciones comúnmente empleadas[108] aunque no sea la única de las confiables.

> La llamada *gnome* (γνωμη), en virtud de la cual decimos de alguien que es comprensivo y que tiene *gnome* (γνϖμη), es el discernimiento recto (κρισις ορθη) de lo que pertenece a la epiqueya ("equitativo", en la versión que usamos). Señal de ello es que llamamos comprensivo sobre todo al que tiene epiqueya, y tener epiqueya ("equidad" en la versión que usamos) a tener comprensión sobre algunas cosas, y juicio comprensivo al que discierne rectamente lo que pertenece a la epiqueya, y rectamente quiere decir de acuerdo con la verdad.
>
> Todas estas disposiciones convergen lógicamente a lo mismo. En efecto, al hablar de *gnome* (γνωμη), *synesis* (συνεσις), prudencia (φρονεσις) y *nous* (νους. La versión que empleamos traduce por "intuición"), atribuimos a las mismas personas el tener *gnome* (γνωμη) o *nous* (νους), así como el ser prudente y tener *synesis* (συνεσις; porque todas estas facultades tienen por objeto lo extremo e individual, y es en saber discernir sobre lo que es objeto de prudencia en lo que consiste el ser inteligente, buen entendedor o comprensivo, porque la epiqueya es común a todos los hombres buenos en sus relaciones con los demás. Ahora bien, todas las cosas prácticas son del número de las individuales y extremas, y así no sólo tiene que conocerlas el hombre prudente, sino que la *synesis* (συνεσις) y la *gnome* (γνωμη) versan también sobre las cosas prácticas, que son extremos. El *nous* (νους) tiene también por objeto lo extremo en las dos direcciones, porque tanto de los límites primeros como de los últimos hay *nous* (νους) y no *logos* (λογος. La versión empleada traduce por "razonamiento"); el *nous* (νους) que se ejercita en las

108 Se emplea la traducción de Julián Marías y María de Araujo (1949), Madrid, Centro de Estudios Constitucionales, 1994.

> demostraciones tiene por objeto los límites inmóviles y primeros; y la de las cosas prácticas, lo extremo, lo contingente y la segunda premisa. Estos son, en efecto, los principios del fin, ya que es partiendo de lo individual como se llega a lo universal; de estas cosas, pues, hay que tener percepción sensible, y ésta es el *nous* (νους).
>
> Esta es la razón también de que parezca que estas disposiciones son naturales, y que, si bien nadie es sabio por naturaleza, sí se tiene por naturaleza *gnome* (γνωμη), *synesis* (συνεσις y *nous* (νους). Señal de ello es que creemos que también son consecuencia de la edad, y que tal edad tiene *nous* (νους) y *gnome* (γνωμη), como si la naturaleza fuera la causa de ellas. Por eso el *nous* (νους) es principio y fin, porque las demostraciones parten de estas cosas y ellas son su objeto. De modo que no se debe hacer menos caso de los dichos y opiniones de los experimentados, ancianos y prudentes, que de las demostraciones, pues la experiencia les ha dado vista y ven rectamente. (1143a 19-1143b 13)

2. LA *GNOME* EN EL ÁMBITO DE LA PRUDENCIA

La relación que guarda la *gnome* con respecto a la prudencia es básicamente la misma que la *synesis* con la prudencia. En este sentido, un breve texto de Tomás de Aquino trae a colación tres diferencias fundamentales: "Es manifiesto que en esas cosas que se hacen por el hombre, el acto principal es mandar, al cual se ordenan los demás. Y por eso a la virtud que impera bien, a saber, la prudencia, como a la principal, se añaden otras secundarias, la *eubulia*, que delibera bien, y la *synesis* y la *gnome*, que son partes judicativas"[109].

Como se ve, en primer lugar se diferencian en que la *gnome* es meramente judicativa mientras que la prudencia es prescriptiva, le corresponde mandar. En segundo lugar, la prudencia es superior porque se menciona como principal, frente a la *gnome*, que sería

---

109 S.Th. I-II, q. 57, a. 6, c.

secundaria. Por último, como consecuencia de lo anterior, la *gnome* se ordena a la prudencia. En efecto, "como en las cosas operables el conocimiento se ordena a la obra, por eso tanto el consejo como el juicio acerca de lo aconsejado se reducen al precepto como al fin. Y por eso la prudencia es principal respecto a las demás, y las demás participan de su modo"[110]. En definitiva, el fin de la *gnome* es la prudencia y por eso esta última es preferible[111].

La mayoría de los comentarios contemporáneos inciden de modos variados en la primera distinción. Comúnmente ocurre al considerar en conjunto la relación de la *synesis*, la *gnome* y la *eubulia* con respecto a la prudencia, ya que este rasgo es común a las tres. Para Louden, la prudencia frente a las tres es arquitectónica y comprehensiva; tiene fuerza prescriptiva y guía las acciones para la polis; y no mira solamente a juzgar el pasado sino principalmente a guiar el futuro[112]. La *gnome*, como la *synesis*, es sólo judicativa, no directiva. Tener *gnome* no significa decidir qué debe hacerse, pues no es inmediatamente prescriptiva. Igual que la *synesis*, juzga con agudeza las situaciones particulares[113]. La *gnome* es una disposición de naturaleza crítica, es decir, juzga discriminando sobre lo particular[114]. Es un discernimiento más sofisticado, pero judicativo y no prescriptivo[115]. Es previo a la prudencia y consiste en la consideración de la mejor opción a realizar[116]. Ya se ve que en la medida en que valora en orden a la opinión y no a la acción, no es eminentemente ética, lo mismo

---

110 Scriptum super Sententiis, lib. III, d. 33, q. 3, a. 1, qc. 3, c.

111 S.Th. I-II, q. 68, a. 7, c.

112 R. B. Louden, "What is Moral Authority? Eubulía, synesis y gnome vs. frónesis", *Ancient Philosophy* 17 (1997), p. 116.

113 *Ibid.*, p. 115.

114 F. Rodrigues Montes D'Oca, "Prudencia e astucia na ética aristotélica: um estudo sobre as capacidades intelectuais que acompanham a prudencia", *Controversia* 5 (1) (2009), p. 14.

115 R. Hursthouse, *op. cit.*, p. 291.

116 S. J. Jensen, "Of *Gnome* and *Gnomes*: The Virtue of Higher Discernment and the Production of Monsters", *American Catholic Philosophical Quarterly* 82 (2008), p. 412.

que la *synesis*[117], mientras que la prudencia en cambio no se ejercita de modo meramente intelectual[118]. Como la prudencia, trata de lo agible, pero sólo a ésta última pertenece el llevar a término, mandar lo que procede para actuar[119].

Con respecto al carácter superior de la prudencia, parece concluirse del hecho de que, para Aristóteles, solo habla correctamente de la acción moral y productiva quien la práctica[120]. La verdad práctica se alcanza por la prudencia, no es una verdad del juicio sino de la acción misma[121]. En efecto, la superioridad de la prudencia es netamente aristotélica en la medida en que para saber lo que tenemos que hacer, hay que hacer lo que queremos saber[122]. Hablar en términos de niveles superiores e inferiores no debe llevar a pensar que la prudencia es la *gnome* junto a la decisión de obrar. Por un lado, existen otras virtudes, como la *synesis* y la *eubulia*, que son diferentes de la *gnome*. En efecto, una cosa es la capacidad de deliberar bien y otra la de juzgar correctamente, y el juicio depende de cuáles sean los principios desde los que juzgamos[123]. El riesgo consiste, a mi juicio, en pensar que primero se ejerce siempre la *gnome* y luego se decide actuar. En realidad, lo característico del acto prudente es que la decisión, mejor dicho la necesidad de decidir y de actuar, preside el juicio de la *gnome*, la *synesis* y la *eubulia*. La experiencia común confirma que el fin que es la acción está presente desde el primer momento. Una cosa es juzgar para decidir y otra es juzgar cuando todo va a terminar en el mero juicio. Es decir, si hay que actuar, esta necesidad de decisión preside toda la actividad intelectual del agen-

---

117 H. Zagal, "Sýnesis, euphyía y anchínoia en Aristóteles. Algunas habilidades para el conocimiento del singular", *Anuario Filosófico* 32 (1999), p. 136.

118 Ch. P. Long, "The ontological reappropiation of phronesis", *Continental Philosophy Review* 35 (2002), p. 45.

119 J. F. Sellés, *Los hábitos intelectuales según Tomás de Aquino*, Pamplona, Eunsa, 2008, p. 348.

120 *Ibid.*, p. 351.

121 H. Zagal, "Apetito recto, prudencia y verdad práctica", cit., p. 105.

122 EN 1103a 32-33.

123 S. J. Jensen, *op. cit.*, pp. 411-416.

te. Y entran en juego además otros elementos como los afectivos (el miedo, la precipitación, por ejemplo). Por eso, en el caso de la prudencia, el juicio es muy distinto. Que podamos distinguir entre acciones y sus correspondientes hábitos, y que podamos señalar la preeminencia o superioridad de unos sobre otros, no significa que se den en una sucesión temporal necesaria como si cada uno fuera una fase del proceso de decidir.

En relación al tercero de los rasgos, hay diferentes enfoques sobre cómo la *gnome* se ordena a la prudencia y en qué sentido. Así, para Jensen la *gnome* entra en juego después de la *eubulia*, que considera las opciones posibles, y antes de la prudencia formalmente considerada que propiamente ordena hacer[124]. Sellés sostiene en cambio que sólo posee la *gnome* quien previamente tiene *synesis*; y sólo será prudente quien tenga *synesis* y *gnome*[125]. Con todo, a mi modo de ver, parece claro que la cuestión radica en qué queremos decir cuando caracterizamos la *gnome* como paso preliminar o paso en el desarrollo de la prudencia. Que la *gnome* sea una condición necesaria para que se dé la prudencia no significa que sea un paso hacia ella necesariamente. Por un lado, el juicio de la *gnome* tiene valor por sí mismo. Además, en muchas ocasiones juzgar es precisamente hacer algo, es decir un acto de la prudencia. Por otro lado, comprender la acción prudencial como una secuencia de acciones de otras virtudes, que se van dando una detrás de otra puede no ser la mejor descripción de cómo obra el prudente, como veremos más adelante.

3. LA NATURALEZA DE LA *GNOME*

Para una consideración lo más completa y ordenada posible, vamos a agrupar los elementos que explican la *gnome*. En definitiva, son los que se siguen del propio texto aristotélico.

---

124 *Ibid.*, p. 412.
125 J. F. Sellés, *op.cit.*, p. 362.

a) La relación de la gnome con la epiqueya

La explicación aristotélica de la *gnome* parte de una afirmación que es casi una definición: se trata del discernimiento recto (*crisis orthe*) de lo equitativo, o mejor sería decir de lo *epiquéyico*, de lo que pertenece a la epiqueya. Esto lleva necesariamente al libro V de la propia *Ética a Nicómaco*, donde explica qué es la epiqueya y su relación con la justicia. Después de aclarar que lo que pertenece a la epiqueya es una de las especies de la justicia, señala que siendo esto justo, por eso mismo es mejor que lo justo. A partir de ahí el texto prosigue:

Lo que ocasiona la dificultad es que lo que pertenece a la epiqueya (lo "equitativo" en la versión que empleamos) es justo, pero no en el sentido de la ley, sino como una rectificación de la justicia legal. La causa de ello es que toda ley es universal, y hay cosas que no se pueden tratar rectamente de un modo universal. En aquellos casos, pues en que es preciso hablar de un modo universal, pero no es posible hacerlo rectamente, la ley toma en consideración lo más corriente, sin desconocer su yerro. Y no por eso es menos recta, porque el yerro no está en la ley, ni en el legislador, sino en la naturaleza de la cosa, puesto que tal es desde luego la índole de las cosas prácticas. Por tanto, cuando la ley se expresa universalmente y surge a propósito de esa cuestión algo que queda fuera de la formulación universal, entonces está bien, allí donde no alcanza el legislador y yerra al simplificar, corregir la omisión, aquello que el legislador mismo habría dicho si hubiera estado allí y habría hecho constar en la ley si hubiera sabido. Por eso lo que pertenece a la epiqueya es justo, y mejor que una clase de justicia; no que la justicia absoluta, pero sí que el error producido por su carácter absoluto. Esta es también la causa de que no todo se regule por ley, porque sobre algunas cosas es imposible establecer una ley. (1137a 31-1137b 29).

Aristóteles explica una idea básica sobre la regla general y abstracta (es preferible esta expresión y no hablar de *ley* en este nivel, aunque Aristóteles hable de *nomos*): que su carácter universal le hace imposible prever todas las situaciones. El problema no es la regla ni quien la crea sino la propia realidad de las cosas prácticas, es decir su particularidad y singularidad. Quien juzga conforme a la epiqueya corrige una omisión[126], y sostiene lo que hubiera introducido en la regla su propio creador si hubiera estado allí.

En buena medida, el comentario más completo y desarrollado ha sido formulado por Tomás de Aquino, quien expone esta doctrina aristotélica no solamente en su *Comentario a la Ética a Nicómaco* sino al menos en otros cuatro lugares de su obra. A mi juicio, podemos agrupar el pensamiento tomista en continuidad con el aristotélico en cuatro aspectos.

En primer lugar, podemos fijarnos en la cuestión de *las limitaciones de la regla general* (se habla de *lex* y de *universalis*). En su Comentario a este pasaje de la *Ética a Nicómaco*, incide en que la regla es universal y los casos infinitos, de modo que el intelecto humano no es capaz de abarcar todos los casos. Y, sin embargo, es una necesidad que la regla sea universal. Aún más, el intelecto no puede decir algo verdadero en lo universal cuando trata lo contingente como los hechos humanos. Por eso, como quien dicta la regla se ve obligado a hablar de modo universal también en lo contingente, la regla falla por tanto en algunos pocos casos[127].

En otro lugar, al responder la cuestión de si se debe juzgar siempre según las reglas escritas, especifica por qué resulta imposible que quien crea una regla general atienda todos los casos. Y es que por la necesidad de abstraer es víctima del carácter general y abstracto de las reglas con las que debe gobernar un obrar concreto, variable en el tiempo y en las personas, por lo que se pliega a lo que ocurre en la mayoría de las veces (*in pluribus*). A la vez, por la necesidad de razonar, si quisiera acoger todos los casos debería

---

126 En frase certera se ha hablado de "reconducción práctica" de la regla a su principio originario. Al respecto, J. Cruz Cruz, "Reconducción práctica de las leyes a la ley natural: la epiqueya", *Anuario Filosófico* XLI (2008), p. 158.

127 In Ethicorum V, lect. 16, nn. 6 y 7.

multiplicar las reglas hasta hacerlas oscuras e ineficaces por lo que solamente tiene valor en la mayoría de las veces (*in maiori parte*)[128].

En segundo lugar, podemos atender al *fundamento de la epiqueya*. En su consideración de la *gnome* como parte de la prudencia, afirma que la *gnome* juzga según principios más altos (*altiora principia*) que la regla común[129]. Ahora bien, cabe preguntarse a qué se refiere con la expresión "principios más altos", para explicar el fundamento de esa rectificación de lo justo legal en que consiste la epiqueya aristotélica[130]. En el Comentario al pasaje de la *Ética a Nicómaco* sobre la epiqueya, parece remitir tales principios a lo justo natural[131]. Más concreto parece en la cuestión de la *Suma Teológica* donde considera el poder de las leyes humanas. Allá se recuerda que el bien común es el principio fundamental de las leyes humanas y que cabe abandonar la literalidad de éstas cuando seguirla lleva a una conclusión que daña la *salus* común[132]. Con todo es en la cuestión dedicada concretamente a la epiqueya donde el Aquinate se muestra más específico. Allí sostiene que los criterios de la epiqueya son la razón de justicia y la utilidad común, es decir, los casos donde la observancia de la regla resulta contraria a la igualdad de la justicia y al bien común al que tiende la propia regla[133].

En tercer lugar, cabe señalar la *distinción de la epiqueya con respecto a otras virtudes o acciones*. Por un lado, se aclara que la epiqueya no es lo mismo que la dispensa de la regla. Esta última acción pertenece a quien gobierna. En el ámbito de las cuestiones sobre la ley, la dispensa aparece ante la duda, lo que genera la remisión del caso a quien gobierna, que es quien puede dispensar. Además la epiqueya

---

128 S.Th. I-II, q. 96, a. 6, c. y ad. 3. Sigo en este punto el trabajo de J. CRUZ CRUZ, *op. cit.*, p. 157.

129 S.Th. II-II, q. 51, a. 4, c.

130 En este punto el análisis más completo es el de A. RODRÍGUEZ LUÑO, "La virtù dell'epicheia. Teoria, storia e applicazione (I). Dalla Grecia classica fino a F. Suárez", cit., pp. 218-222.

131 In Ethicorum V, lect. 16, n. 4.

132 S.Th. I-II, q. 96, a. 6, c.

133 S.Th. II-II, q. 120, a. 1, c.

no aparece ante casos dudosos sino claros[134]. Por otro lado, la epiqueya se distingue de la benevolencia porque no se opone a la severidad. A lo que se opone es a algo diferente, a seguir la regla cuando el resultado es vicioso[135].

Tampoco consiste la epiqueya en un juicio negativo de la regla[136]. En este aspecto, no añade nada a la apreciación aristotélica de que el problema o error no es de la regla, sino de la situación particular.

En cuarto lugar, hay que señalar un aspecto aparentemente contradictorio y es *si la epiqueya es o no una forma de interpretar la regla*. El texto aristotélico parece remitir la epiqueya a lo que contemporáneamente llamamos interpretación subjetiva. Esta se pregunta por la intención del autor de la regla. En el Comentario a la *Ética a Nicómaco*, Tomás de Aquino afirma que en efecto por la epiqueya se obedece la ley de modo más excelente porque se observa la intención del legislador allá donde las palabras de la ley disonan[137]. Sin embargo, en la cuestión de la *Suma* dedicada a la epiqueya afirma que ésta no consiste en interpretación alguna de la ley. La razón es que la regla se interpreta cuando hay duda y no cuando la solución es clara. En asuntos claros (*in manifestis*), no hay interpretación y la epiqueya no ofrece dudas[138]. Es decir, es claro que la regla yerra en este caso particular. A mi modo de ver, la aparente contradicción se resuelve si nos olvidamos por un momento del sentido contemporáneo que le damos a la expresión "intención del legislador". Lo que Aristóteles, y Tomás de Aquino en su Comentario, tiene en mente es que resulta manifiesto que hay que apartarse de la regla en esa situación concreta porque el que dictó la regla no pretendía en ningún caso una solución dañina y absurda, ni pasar por encima del bien común y la justicia. No hay en ellos una pretensión de indagar la intención del que crea la regla sino una remisión a una claridad

---

134 S.Th. I-II, q. 96, a. 6, c. y ad. 2.

135 S.Th. II-II, q. 120, a. 1, ad. 1.

136 S.Th. II-II, q. 120, a. 1, ad. 2.

137 In Ethicorum V, lect. 16, n. 1.

138 S.Th. II-II, q. 120, a. 1, ad. 3.

tal que quien la creó estaría de acuerdo en no aplicarla en este caso. Con todo, esta cuestión de la claridad o de lo que es manifiesto deja abierto el problema de la adquisición y ejercicio de la *gnome*, sobre el que habrá que volver más adelante.

b) El objeto de la gnome

En segundo lugar, hay que caracterizar el objeto de la *gnome*. En este punto no parece presentar problemas la afirmación aristotélica de que el objeto de la *gnome* es el mismo que el de la *synesis* y la *eubulia*, que es en definitiva el de la *fronesis*: lo particular o individual, lo contingente, lo extremo o lo último. Esta expresión se refiere a lo extremo o último que es la acción misma concreta, es decir, particular, individualizada. Por eso, Ross traduce "ultimate, i. e., particular"[139]. Los comentarios contemporáneos inciden en que los objetos del juicio de la *gnome* son las "situaciones particulares"[140], "lo contingente y falible"[141]. En este sentido quienes tratan de tematizar la *synesis* insisten igualmente en que las virtudes intelectuales prácticas tratan lo singular y contingente[142], discriminan acerca de lo particular y contingente[143], tienen que ver con lo que ocurre de un modo u otro y dependen de la decisión humanan[144].

En realidad, en la medida en que la *gnome* trata la excepcionalidad, se hace, a mi juicio, más patente el carácter singular, particu-

---

139 Aristotle, *The Nicomachean Ethics*. Translated by David Ross and edited by Lesley Brown, Oxford University Press, 2009.

140 R. B. Louden, *op. cit.*, p. 115.

141 Ch. P. Long, "The ontological reappropiation of phronesis", *Continental Philosophy Review* 35 (2002), p. 47.

142 H. Zagal, "Sýnesis, euphyía y anchínoia en Aristóteles. Algunas habilidades para el conocimiento del singular", cit., p. 130.

143 F. Rodrigues Montes D'Oca, *op. cit.*, p. 14.

144 M. A. Solopova, "Aristotle on the Intellectual Virtues: On the Meaning of the Notions of Consideration (gnome) and Consideration for Others (syngnomé) in *Nicomachean Ethics*", *Russian Studies in Philosophy* 54 (6) (2016), pp. 524-525.

lar, individual y contingente. Precisamente porque la excepcionalidad desafía lo universal, general y necesario. En este punto hay que detenerse precisamente en el sentido de la excepcionalidad. En efecto, la descripción aristotélica de la *gnome* muestra que el juicio de ésta consiste en cierto modo en detectar la excepcionalidad. No en el sentido característico de hacer una excepción, sino de detectar una circunstancia que está reglada pero donde aplicar la regla general genera un resultado contrario a los valores de la propia regla. Lo excepcional es el conjunto de hechos dado. Por eso hablamos de excepcionalidad y no de excepción. Así lo hace Hursthouse quien señala que sólo la experiencia de la excepcionalidad hace posible alcanzar la *gnome*[145]. O Hurri quien afirma que la excepcionalidad repudia la normalidad que propone la regla[146]. Con respecto al comentario tomista, Jensen también identifica la *gnome* como la virtud que discierne excepciones a la regla[147], lo mismo que Gordley quien entiende así la distinción tomista de lo que ocurre *ut in pluribus* y *ut in paucioribus*[148], o que Cruz quien la denomina propia de los casos excepcionales, las situaciones insólitas[149].

Al respecto, O'Donoghue se sirve de la excepcionalidad para mostrar la diferencia entre el empleo de la *gnome* y la casuística. Para esta última, a diferencia de la *gnome*, hay una regla para cada situación y en caso contrario se acude a una etiqueta (*tag*) o a una regla de oro (*rule of thumb*) para lograr la solución deseada[150]. En un

145 R. Hursthouse, *op. cit.*, p. 292.

146 S. Hurri, "Justice *kata nomos* and Justice as *epieikeia* (Legality and Equity)", en L. Huppes-Cluysenar & N.N.M.S. Coelho (eds.), *Aristotle and the Philosophy of Law: Theory, Practice and Justice*, Dordrecht, Springer, 2013, pp. 159-160.

147 S. J. Jensen, *op. cit.*, p. 411.

148 J. Gordley, "Why the rule of matter: a natural law perspective", *American Journal of Jurisprudence* 57 (2012), p. 8.

149 J. Cruz Cruz, *op. cit.*, p. 170.

150 N. D. O'Donoghue, "The law beyond the law", *American Journal of Jurisprudence* 18 (1973), pp. 58-59.

sentido parecido Rodríguez Luño ha incidido en que en una ética de la virtud, la epiqueya no consiste en encontrar una excepción ni en una cierta tolerancia o dispensa, que son cuestiones diferentes. La solución de la epiqueya es excelente, como la de cualquier virtud, lo que ocurre es que se enfrenta a situaciones excepcionales[151]. En realidad, sólo cuando se margina al intelecto en la comprensión del sentido de la regla, queda solamente la autoridad del legislador y la reconducción que ejerce la epiqueya pasa a ser vertical. Es decir, se convierte en una dispensa del gobernante por clemencia o por liberación de preceptos injustificados. En definitiva, la epiqueya queda como mitigación de la ley y deja de ser regla superior de los actos humanos autónomos[152].

Sellés, por su parte, sostiene que la excepcionalidad de los casos significa también que son excepcionalmente difíciles de resolver con los parámetros de la conducta virtuosa habitual, sino que hace falta más conocimiento práctico, más luz[153]. Ya se ve de nuevo que también la excepcionalidad nos conduce a la pregunta por la adquisición de la *gnome*.

c) El conocimiento del que tiene gnome

No parece haber el mismo grado de unanimidad entre quienes intentan explicar qué género de conocimiento es la *gnome*. En este sentido, Louden se hace eco de quienes ponen el acento en que quien posee la *gnome* es *sygnomon*, palabra que se liga al juez que empatiza (Ross), a la persona que toma en consideración (Irwin), quien penetra los pensamientos de aquel que tiene que juzgar (Stewart), que juzga mirando desde el punto de vista de otro (Nussbaum)[154].

---

151 A. Rodríguez Luño, "La virtù dell'epicheia. Teoria, storia e applicazione (II). Dal *cursus theologicus* dei *Salmanticensis* fino ai nostri giorni", cit., pp. 74-75.

152 J. Cruz Cruz, *op. cit.*, pp. 174-175.

153 J. F. Sellés, *op. cit.*, p. 358.

154 R. B. Louden, *op. cit.*, p. 114.

Incluso Rowe habla de la *gnome* como tener sentido compartido, es decir, simpatizar[155].

En cambio, otros han puesto de manifiesto que para Aristóteles, la persona virtuosa no hace balance de razones a favor y en contra, es decir que las razones para actuar de otro modo no son superadas ni derrotadas sino silenciadas[156]. En esa misma línea se afirma que para Aristóteles el *nous* práctico capacita al sujeto para ver la acción a realizar y no los otros posibles cursos de acción[157].

Aunque ambas visiones no son incompatibles, a mi juicio la primera corre el riesgo de quedar ligada a expresiones de fuerte carga metafórica. Al margen de que parece haber un salto de la carga que puede tener el término *sygnome*, ligado al perdón, la clemencia y la misericordia; a considerar que la *gnome* es el juicio que se hace cargo de aquel al que se juzga (en sentido lato, no en el estricto de la decisión judicial), lo comprende y, por ende, lo disculpa.

Considero más acertada la segunda aproximación por dos motivos. En primer lugar porque lo emparenta con el juicio de la *synesis*. En el capítulo anterior he mostrado el carácter no discursivo de la *synesis*. Por decirlo de manera sucinta, la *synesis* es la captación inmediata de la eticidad de una acción. Lo propio de la *synesis* no es considerar todas las posibilidades de acción y elegir la mejor. Esto es precisamente lo que hace la deliberación. Lo característico de quien posee *synesis* es que ve solamente la mejor opción. Dicho de otro modo, se focaliza en lo relevante al punto de no considerar siquiera lo irrelevante. La inmediatez de su juicio requiere precisamente ser capaz de entender lo que es relevante sin necesidad de comparar nada. Dicho de otro modo, dar con la razón que derrota cualquier otra que se presente, aunque sin necesidad de hacerlas

---

155 ARISTOTLE, *Nicomachean Ethics*. Philosophical Introduction and Commentary by SARAH BROADIE and Translation (with Historical Introduction) by CHRISTOPHER ROWE, Oxford University Press, 2002.

156 J. MCDOWELL, "Virtue and Reason", en J. MCDOWELL, *Mind, Value and Reality*, Cambridge (Mass.), Harvard University Press, 1998, pp. 55-56.

157 R. HURSTHOUSE, *op. cit.*, p. 290.

comparecer siquiera. Por eso, quien penetra de modo rápido y certero en un problema lo hace por su capacidad para focalizarse en lo verdaderamente relevante. La *gnome* vendría después de la *synesis* y, como ésta, se ejercita sin razonamiento.

Pero, sobre todo y en segundo lugar, es más acertada porque el propio Aristóteles afirma que de los límites primeros y últimos (es decir, con últimos se refiere a las cosas prácticas, que son individuales, particulares, concretas, singulares) hay *nous* y no *logos*. Podríamos traducirlo como que hay conocimiento directo (para evitar hablar de intuición) y no razonamiento discursivo. De estas cosas, sigue diciendo Aristóteles, hay *aiscesis* y ésta es el *nous*. En esta explicación, Aristóteles no incluye precisamente la *eubulia* sino solamente la *synesis* y la *gnome*.

Los comentarios precedentes de McDowell y Hursthouse ponen de manifiesto que la *gnome* focaliza, lo mismo que hace la *synesis*. Y en este punto se hace necesario considerar la relación y la distinción entre *synesis* y *gnome*, por lo que pueda servir para aclarar la naturaleza de esta última. Y es que precisamente Tomás de Aquino llama la atención sobre el hecho de que la *gnome* juzga rectamente en aquellas cuestiones en que la regla común se equivoca y por tanto son de especial dificultad (*quae specialem habent difficultatem*)[158]. Por lo mismo, en la medida en que supone juzgar según principios más altos, se trata de una virtud judicativa más alta (*altior virtus iudicativa*)[159] que la *synesis*. Como tal supone entonces que quien la posee es más perspicaz, tiene cierta perspicacia de juicio[160]. Sellés ha insistido en este aspecto jerárquico de los hábitos cognoscitivos, y en este caso en el hecho de que la *gnome* es una intensificación de la *synesis*, un mayor saber ético práctico vertido *ad casum*, más hábito práctico racional que la *synesis* en definitiva[161]. Me interesa por lo dicho incidir en la semejanza entre *synesis* y *gnome*, más allá

---

158 Scriptum super Sententiis, lib. III, d. 33, q. 3, a. 1, qc. 3, ad. 3.
159 S.Th. II-II, q. 51, a. 4, ad. 3.
160 *Ibidem*.
161 J. F. SELLÉS, *op. cit.*, p. 359.

de sus manifiestas diferencias. La *gnome* juega un papel semejante al de la *synesis* y, como esta, tiene un fuerte componente de *nous*[162], de captación directa. Por lo dicho, la *gnome* se ejerce de manera directa, focalizándose fuertemente en la excepcionalidad y en la solución a la misma.

A mi modo de ver, y como he tratado con detenimiento en el capítulo anterior ya mencionado, la palabra *perspicacia* recoge con precisión la *synesis* aristotélica. La etimología latina del término encaja correctamente con la caracterización de la *synesis* y remite además a la expresión griega. Se trata de un término que tiene como raíz el verbo latino *spicere*, que significa "ver" y "mirar". Además esa misma palabra tiene un prefijo que significa en latín al mismo tiempo "a través de" y "por completo". Por último, el adjetivo que refiere a quien la posee tiene una terminación (-az), también de origen latina, que indica una fuerte tendencia (como en locuaz, veraz, voraz, feraz). Si unimos lo dicho hasta ahora, se entiende que *perspicacia* hace referencia a ver por completo, a través de y con intensidad. La insistencia en que se trata de una operación intelectual asimilable a la visión, que penetra en la realidad de las cosas, logrando un conocimiento completo e intenso, queda bien reflejada en la palabra *perspicacia*. La *gnome* vendría a ser un empleo peculiar de la perspicacia, otra manifestación de la perspicacia, de la capacidad de alcanzar de manera no discursiva la eticidad de una acción. Con la peculiaridad de que no es la perspicacia común o el empleo más común de la misma. Con la expresión "cierta perspicacia" se pone de manifiesto que es una especie, un tipo de esta. De ahí, que no exista una palabra que traduzca correctamente el término griego *gnome*, porque no hay palabra que exprese el tipo de perspicacia que toma correctamente en consideración la excepcionalidad de una situación.

---

162 H. ZAGAL, "Nous y phronesis. Un comentario a EN 1143a 35ss.", *Tópicos* 4 (1993), p. 111, n. 3.

Con todo, la jerarquía mencionada no significa necesariamente que se alcanza después de la *synesis* o que primero debe tenerse *synesis* para poder tener *gnome*. La superioridad se refiere en efecto a la dificultad, pero sobre todo a los principios a los que mira la *gnome* con respecto a los de la *synesis*. Esta aclaración nos conduce una vez más a la cuestión de cómo se adquiere la *gnome*.

d) La adquisición de la gnome

En cuarto lugar, resta por considerar cómo se adquiere la *gnome*. Puede llamar la atención que Aristóteles afirme que la *gnome* se posee por naturaleza y acto seguido sostenga que señal de ello es que es consecuencia de la edad, y que tal edad tiene *gnome* como si la naturaleza fuera la causa de ella. No debe entenderse que cuando habla de poseer por naturaleza se refiere a poseer una cualidad innata. Al contrario, lo propio de la naturaleza de un ser humano es adquirir las cosas con el tiempo porque se trata de un ser temporal. El carácter temporal del ser humano, y más aún el hecho de tratarse de un ser que requiere el aprendizaje para todo, señala que en este contexto es lo mismo decir "por naturaleza" que "por experiencia". Precisamente la relevancia de la experiencia mostraría la superioridad de la *gnome* (y también de la *synesis*) por sobre quien posee el simple hábito, es decir quien acostumbra a obrar virtuosamente. Las personas jóvenes pueden tener y cultivar el buen hábito de hacer acciones de una determinada virtud y generar así una virtud habitual a partir de la propia disposición originaria. Pero sólo la experiencia concede *gnome*, *synesis* y *eubulia*. Aristóteles no dice de qué manera concreta la experiencia sirve para desarrollar la *gnome*. Simplemente afirma que la experiencia de los casos excepcionales da la diferencia que permite un conocimiento más sofisticado[163]. Con todo, la afirmación aristotélica invita a pensar

---

163 R. Hursthouse, *op. cit.*, p. 292.

de inmediato en los contraejemplos frente al énfasis en la edad y la experiencia[164].

En este momento, considero que debe traerse a colación de nuevo la afirmación tomista de que el juicio de la epiqueya, es decir la *gnome*, no es interpretativo porque ocurre en cosas manifiestas, que no ofrecen dudas[165]. Puede resultar contradictorio que se requiera experiencia y a la vez que el asunto sea claro. Los ejemplos que podemos pensar de situaciones excepcionales, insólitas, pueden ser claros en el sentido de que, en efecto, ponerlos bajo la regla general da lugar a un resultado absurdo. Ahora bien, lo que cabe preguntarse es para quién resulta claramente absurdo, si para todos o solamente para los que tienen experiencia. La persona de mayor edad, o mejor dicho la que posee experiencias más heterogéneas y numerosas, debería estar mejor dispuesta para superar la perplejidad de encontrarse en una situación insólita e inimaginable. Pero la *gnome* no es un estado anímico como el recién descrito sino un hábito judicativo que detecta la excepcionalidad y la necesidad de no ponerla bajo la regla general que aparentemente le corresponde. Esta aparente aporía merece un tratamiento más detenido al final de este trabajo.

4. *GNOME* Y CONOCIMIENTO JURÍDICO

Queda por tratar de aclarar tres aspectos que parecen contradecirse en el ejercicio de la *gnome*. Por un lado, pareciera un conocimiento no discursivo, como en el caso de la *synesis*. Por el otro, se

---

164 T. Ralli, "Intellectual excellences of the judge", en L. Huppes-Cluysenar & N.N.M.S. Coelho (eds.), *op. cit.*, p. 141.

165 Sin ánimo de multiplicar los comentarios, puede indicarse que el Comentario del Cardenal Cayetano (Tomás de Vio) al artículo 1 de la cuestión 120 de la Suma Teológica de Tomás de Aquino, habla de que la epiqueya aparece allí donde la ley falla de manera manifiesta (*manifeste*). Aunque se trata de un *Comentario* del siglo XVI, acompaña a la edición leonina de la *Opera Omnia* de Tomás de Aquino, Romae, Ex Typographia Polyglota, 1897.

adquiere con la experiencia. Y, en tercer lugar, se trata de un juicio que reconoce una excepcionalidad como manifiesta.

A mi modo de ver, podemos partir de la relación apuntada con la *synesis*. Si ésta es perspicacia, la *gnome* sería un tipo particular de perspicacia. En concreto, se trata de la capacidad para captar que los hechos caen bajo la regla y que seguir la regla en este caso produce una solución manifiestamente absurda e injusta. El que posee *gnome* ve que la solución que evita el fuerte disvalor es imposible si no es *contra legem*. De alguna manera el carácter manifiesto reforzaría la no discursividad del juicio de la *gnome*. Entiendo que se hace manifiesta la injusticia de seguir la regla precisamente porque se trata de una decisión de gravedad: precisamente la de apartarse de la regla a pesar de que los hechos coincidan con ésta. Y si además estamos sosteniendo que no hay interpretación de la regla ni argumentación con fundamento en reglas; se apuesta porque es suficiente con mostrar el posible resultado de seguir la regla para que la conclusión se alcance. Por otro lado, la excepcionalidad supone imprevisión y ésta se presenta precisamente por sorpresa, por así decir, de manera inesperada. Captar un hecho con sorpresa es precisamente muestra del carácter manifiesto de tal conocimiento. En este sentido, cuando Tomás de Aquino habla de *manifieste*, está en continuidad o al menos en plena coherencia con la descripción aristotélica del juicio de la *gnome* como no discursivo.

Por último, ambas características son compatibles con el requerimiento de la experiencia. Así, solamente quien ha seguido la regla y la ha interpretado, puede captar que los hechos a juzgar caen bajo ésta y, sin embargo, poseen un carácter excepcional. Lo que requiere experiencia es la captación de la excepcionalidad porque ésta, como se ha dicho, solamente se comprende en relación con lo que ocurre normalmente. Esa experiencia, como ocurre en este ámbito, no es cuantificable, ni supone que siempre y en todo caso la mayor experiencia sea condición suficiente de acierto. Del mismo modo, no puede dejarse de advertir que el resultado absurdo y contrario a los valores de la propia regla puede ser captado por quien no posee experiencia: lo que ocurre en este caso es que todo lo más sumirá al inexperto en perplejidad al faltarle puntos de comparación, asunto que puede resolver de otras maneras (por ejemplo, mediante el consejo precisamente de los que tienen experiencia).

Lo anterior nos permite afrontar, de manera introductoria cuando menos, la relevancia del tratamiento de lo excepcional para la teoría del conocimiento jurídico. Por un lado, porque pone de manifiesto una vez más los límites de cualquier regla y, a mayores, los límites del Derecho. En este caso, nos encontramos ante soluciones que son no *prater legem*, dictadas en ausencia de regla, sino claramente *contra legem*. Se refuerza esta idea con la distinción entre epiqueya y dispensa de ley. Pero más claramente cuando se incide en que no estamos ante una valoración negativa de la regla y tampoco ante una interpretación de la misma. Esto último queda claro en la medida en que el juicio de la *gnome* se aparta de la regla y, por tanto, no puede decirse que esté interpretándola si precisamente decide no tomarla en consideración. Tomarse esto en serio supone algo que puede resultar paradójico a primera vista. En efecto, si no hay interpretación, tampoco puede haber en este caso argumentación conforme a reglas. Si ante la excepcionalidad se opta por interpretar la regla y argumentar para dar cabida a tal excepcionalidad, en realidad se está llevando a cabo una modificación de dicha regla. Eso supondría, por un lado, juzgarla negativamente ya que necesita de modificación. Y, por el otro, modificarla supone o bien legislar positivamente o bien simplemente destruir la regla, y en todo caso introducir elementos que pueden dar lugar a la afectación de otras situaciones donde no se da esa excepcionalidad.

A mi juicio, el problema reside en que no se ha conseguido una comprensión cabal de qué significa la excepcionalidad. En efecto, esta consiste en una situación que no sólo no se ha dado antes sino que tiene todos los visos de no volverse a dar, al menos en mucho tiempo. Se ve con mayor claridad cuando la regla en cuestión fue promulgada hace tiempo y ha sido aplicada e interpretada en numerosas ocasiones. La excepcionalidad aparece en relación con lo no excepcional, es decir que necesita un punto de comparación repetido muchas veces. Tal situación desafía nuestro comportamiento común y habitual, pero lo hace por única vez. En la historia se ha constatado lo que ocurre cuando se pretende construir una Ética a partir de la reflexión filosófica sobre casos excepcionales, sobre complejos dilemas morales que en muchas ocasiones son solamente producto de la imaginación. Sin desmedro de que tales problemas puedan revestir interés como entrenamiento para el razonamiento o incluso para las habilidades argumentativas o retóricas, lo cierto es que la experiencia muestra que degeneran en casuística estéril. Y convierten la vida ética en un continuo interrogarse por las reglas que limitan la propia libertad, contraponiendo ambas. Nada queda entonces de la pregunta por la vida lograda.

Si volvemos la mirada a lo que supone esta concepción de la excepcionalidad para el conocimiento jurídico nos encontramos con algo que resulta contrafáctico e incluso contraintuitivo. En efecto, lo anterior parece desafiar elementos básicos de nuestra concepción de lo jurídico y de su praxis, como la necesidad de fundamentar las sentencias en el Derecho existente. Al mismo tiempo, no afronta del mismo modo la excepcionalidad quien sabe que su decisión podrá ser recurrida en apelación, por ejemplo, que quien ejerce funciones de apelación. E igualmente, quien sabe que su decisión podrá ser recurrida en casación y quien ejerce funciones de casación. Y lo mismo respecto al control de constitucionalidad y de convencionalidad. Lógicamente no es el objeto de este trabajo cómo afecta a cada situación.

Y es que desde la perspectiva descrita, fundar una decisión de carácter excepcional requiere como mucho un razonamiento basado en hechos, es decir, en el carácter manifiestamente absurdo e injusto del resultado al que se llegaría de aplicar la regla. Más aún, lo paradójico es que la estrategia argumentativa más respetuosa con la regla y menos peligrosa por sus efectos es la de no argumentar sino con los hechos, es decir, con los posibles resultados inevitables de seguir la regla. Si se muestra el carácter excepcional del caso y se argumenta mostrando el carácter absurdo del resultado, no se corre el riesgo de caer en la arbitrariedad y la irracionalidad. Como se ve, nada más lejos que tomar la excepcionalidad y convertirla en *leading case*, para terminar asumiendo funciones legislativas. Pero eso es harina de otro costal.

Capítulo III

El conocimiento por connaturalidad

1. INTRODUCCIÓN

En este apartado nos vamos a referir a algo que ocurre en el nivel de la afectividad, de los apetitos, cuyo acto es denominado amor, en un sentido mucho más general del que usamos comúnmente. La afectividad afecta a la voluntad aunque esta es siempre finalmente indeterminada. Pero la afectividad la inclina. Se trata ahora de considerar cómo esa inclinación tiene un efecto importante en el conocimiento práctico cuando este juzga, porque la afectividad le presenta un determinado bien con intensidad. Por eso se le llama juicio por, a través de, por medio de la inclinación, la afectividad, que está connaturalizada con el objeto y se presenta así al intelecto. Cómo ocurre tal cosa es lo que vamos a tratar de explicar.

La relevancia del asunto radica en que nos preguntamos con qué connaturaliza nuestra afectividad, si con lo mejor o con lo peor. Esto ocurre en muchas acciones humanas y no solamente en la decisión de carácter ético. Uno puede estar connaturalizado con su actividad profesional o con un determinado juego o deporte o con una afición y, sobre todo, con determinadas personas. Todo esto nos afecta a la hora de decidir. Lo llamativo es que habitualmente nos ayuda a decidir con precisión y celeridad. Vamos a tratar de explicar de qué estamos hablando. El problema es que si no se hace, parece quedar en el terreno de lo poético o de lo inefable, es decir de lo irracional[166]. Así el propio Maritain afirma que se trata de un conocimiento no racional y no conceptual, asimilable al conocimiento

166 C. Green, *It takes one to know one. Connaturality-Knowledge or Prejudice*, en D. A. Ollivant (ed.), *Jacques Maritain and the many ways of knowing*, American Maritain Association, Washington 2002, pp. 43-44.

del artista y del místico[167]. Simon dice que tal conocimiento no tiene conexión lógica con premisas racionales y es incomunicable[168]. Con todo, no significa que para estos autores el conocimiento por connaturalidad vaya en contra de la razón, sino más bien que está al margen de la razón, que es a-racional por así decir.

Aristóteles advierte que "según la índole de cada uno así le parece el fin"[169]. La forma de ser de cada uno está modificada por las condiciones personales e interviene en la conclusión particular del conocimiento práctico. Por eso, afirma Tomás de Aquino que "a cada ser le es natural desear y amar lo que se adapta a su ser, pues 'cada ser obra según su natural aptitud', en frase del filósofo"[170]. Así como observamos empíricamente el bien en otras formas de vida y la bondad de sus acciones se comprende en relación al ser en cuestión, en cómo viene definido por su forma de vida; en el caso de los seres humanos, conocemos el bien, es decir lo humano, al descubrir cómo actuar. Adquirimos nuestra comprensión de la forma humana en nuestro vivir como humanos. No aprendemos nuestro bien observando sino viviendo. El conocimiento de lo propiamente humano es desde dentro mientras que conocemos desde fuera otras formas de vida[171].

No se puede pretender, entonces, que un conocimiento de lo particular verdadero se alcance sin tener en cuenta la disposición de los apetitos. En el conocimiento moral particular, por ejemplo, intervienen las peculiares y propias disposiciones con que dicha naturaleza se encuentra revestida en cada individuo. Por la propia unidad psicológica del ser humano, los apetitos y las potencias cognosciti-

---

167 J. Maritain, *On Knowledge through Connaturality*, "The Review of Metaphysics", 4/4 (1951), p. 474.

168 Y. Simon, *Introduction to the Study of Practical Wisdom*, "The New Scholasticism", 34 (1961), p. 27.

169 EN 1114a30-b1.

170 S.Th. I-II, q. 109, a. 3, c.

171 M. Lott, *Moral Virtue as Knowledge of Human Form*, "Social Theory and Practice", 3/38 (2012), p. 410.

vas están íntimamente ligadas y compenetradas[172]. El afecto otorga a la razón la visión clara de la conveniencia o no del objeto. La inclinación habitual del sujeto determina la calidad de la reacción afectiva frente al objeto[173]. En efecto, "la verdad y la falsedad son objetos de conocimiento, están en la mente. El bien y el mal, que son objetos del apetito, están en las cosas. Y como el conocimiento se realiza porque las cosas conocidas están en el cognoscente, toda apetición se cumple por el orden del apetito a las cosas apetecibles"[174].

En otras palabras, el entendimiento práctico aprehende el bien que tiene razón de fin. Pero es siempre un bien particular porque el entendimiento práctico trata de lo singular. El juicio práctico está ligado a la situación de indigencia existencial, real, de quien juzga. De ahí que las inclinaciones naturales sean también fundamento de juicios. Así, "como el bien tiene razón de fin, todo aquello a lo que el hombre tiene natural inclinación, la razón naturalmente lo aprehende como bueno, y, por tanto, como algo que debe ser procurado"[175]. Pero también las inclinaciones de la voluntad y de la sensibilidad son fundamento de tales juicios. El entendimiento práctico (aunque no sólo el práctico, sino también el teórico) está vinculado con los apetitos de modo que el juicio práctico está acompañado del apetito como elemento constitutivo. Tomás de Aquino afirma que "la verdad del entendimiento práctico depende de la conformidad con el apetito recto"[176]. Al conocimiento práctico le corresponde referirse a cosas opuestas y por eso el apetito le dirige a una sola[177]. En efecto, para el Aquinate aunque el ser humano está hecho para estar dispuesto correctamente hacia los principios universales de

172 M. J. Feliu, *La connaturalidad afectiva en el conocimiento práctico*, Roma, *pro manuscripto*, 1981, p. 99.

173 *Ibid.*, p. 112.

174 In VI Metph., lect. 4, n. 1240.

175 S.Th. I-II, q. 94, a. 2, c.

176 In Ethicorum VI, lect. 2, n. 7.

177 S. Buzeta Undurraga, *Sabiduría y Connaturalidad. El lugar de la connaturalidad para la elaboración del juicio sapiencial*, tesis doctoral *pro manuscripto*, Universidad de Navarra, Pamplona 2012, pp. 52-53.

la acción, debe llegar a estar dispuesto hacia los principios particulares del actuar y esto lo logra mediante hábitos connaturales[178]. Como el objeto de este capítulo es la relación entre conocimiento por connaturalidad y conocimiento jurídico, no se va a considerar el carácter problemático del conocimiento por connaturalidad, lo que sería más bien objeto de otro trabajo. Además de que excedería con mucho los límites aceptables del tamaño del presente estudio.

2. UNA DESCRIPCIÓN DE LA CONNATURALIDAD

Vamos a afrontar en primer lugar una descripción del fenómeno. Ocurre que en ocasiones alcanzamos la bondad del objeto de nuestra acción no mediante razonamiento sino a través de la conciencia de la reacción afectiva que se produce en nosotros en un determinado sentido. "Que algo parezca bueno y conveniente depende de dos causas: de la condición del objeto percibido y del sujeto que lo percibe, pues la conveniencia es una relación y depende de los dos extremos. Así el gusto en diversas disposiciones no percibe de la misma manera lo que conviene o no. Por eso, dijo el Filósofo 'cual es cada uno así le parece el fin'"[179]. En la experiencia de todos se produce en muchas ocasiones un movimiento de aprobación o de desaprobación sobre actos morales en los que no nos hemos parado a reflexionar. De una manera espontánea la afectividad parece mostrar con fuerza a nuestro intelecto qué es conveniente o no conveniente. "Lo propio del hábito es inclinar la potencia a obrar de modo conforme al hábito, en cuanto que éste hace ver como bueno lo que le conviene y como malo lo que le repugna"[180]. Y lo hace sin discurso silogístico. A posteriori de la reacción afectiva, ocurre una

---

178 J. Budziszewski, *The natural, the connatural and the unnatural*, en *The Line through the Heart: Natural law as Fact, Theory and Sign of Contradiction*, ISI Books, Wilmington 2009, pp. 61-77.

179 S.Th. I-II, q. 9, a. 2, c.

180 S.Th. II-II, q. 24, a. 11, c.

toma de conciencia capaz de expresar esa reacción con una frase dotada de sentido[181]. La reacción afectiva es una pasión positiva o negativa (amor, odio, deseo, gozo, rechazo). En el caso positivo se puede describir como un tipo de amor en sentido amplio, que trae primero deseo y después gozo[182].

Pareciera que el bien particular se percibe como consistente o no con el propio carácter[183]. Tomás de Aquino hace una analogía con el movimiento de las cosas y de los animales: según su propia forma a las cosas les *agrada* las cosas y así la forma accidental del fuego es la levedad y por eso tiende hacia arriba. Tales accidentes (en el caso la levedad) no son sustancias pero derivan directamente de una naturaleza, de una sustancia en condición natural. Lo mismo con los animales en sus disposiciones naturales. En los seres humanos ocurre igualmente y el que tiene buenas disposiciones juzga de ese mismo bien[184]. La tendencia del sujeto que por connaturalidad tiende al objeto nace de dentro. Por eso el objeto amado está ya en el sujeto amante al que no le satisface una posesión externa sino que busca llegar a la posesión perfecta en la que el objeto inhiere, mora en el sujeto[185].

Habría una dimensión del conocimiento moral que es particular, la que realiza la razón práctica bajo el influjo del apetito. Como las disposiciones afectivas son inseparables del sujeto, el juicio de la razón es afectivo. Por eso, para Aristóteles el conocimiento moral universal también puede ser poseído por el acrático pero no es conocimiento asimilado porque siente lo contrario[186]. Y es que la comprensión efectiva y operante del bien no es asunto meramente teórico sino resultado de una vivencia que se practica cons-

---

181 M. J. Feliu, *op. cit.*, pp. 114-116.

182 T. Suto, *Virtue and Knowledge: Connatural Knowledge according to Thomas Aquinas*, "The Review of Metaphysics", 1/58 (2004), p. 63.

183 C. Green, *op. cit.*, p. 52.

184 T. Suto, *op. cit.*, pp. 73-74.

185 *Ibid.*, p. 70.

186 EN 1147a20-25.

tantemente[187]. El que tiene sabiduría práctica cuenta con una razón atenta y despierta, lee la realidad. Es un conocimiento profundo, minucioso y creativo que procede de la compenetración, de la asimilación de lo conocido y amado por el que conoce[188].

Tomás de Aquino, por su parte, señala que el ser humano obtiene sus juicios a través no sólo del uso perfecto de su razón sino por cierta unidad de tipo afectivo con el objeto conocido[189]. Surge de una unión afectiva porque el objeto despierta cierta inclinación en el sujeto. El objeto conocido no es algo ajeno sino parte íntima de nuestra vida. Hay unión, aptitud, concordancia, sintonía, proporción, complacencia, conveniencia, compasión entre ambos[190]. El sujeto está entonces capacitado para juzgar correctamente del objeto, de la práctica de esa acción. Este se armoniza con el sujeto hasta interiorizarse en él y serle connatural[191].

Es un caso en que la tendencia apetitiva es muy intensa y recta en su movimiento de manera que el juicio es guiado y producido por la experiencia. Es un juicio, entonces, altamente condicionado por el amor. Este tipo de conocimiento hace que uno reconozca fuera de sí el bien porque lo ha visto antes dentro de sí, en sus afectos que como un espejo reconocen el bien exterior[192]. Por contaste el que solamente es inteligente pero no se ve movido por su afectividad también puede conocer que una acción es correcta pero lo hará de manera diferente. Puede, por ejemplo, reconocer que pagar una deuda es justo, pero lo hará simplemente porque conoce cómo funciona el concepto de justicia y no por reconocer consideraciones de

---

187 L. B. Irízar, *El influjo de la afectividad virtuosa en el conocimiento de la verdad práctica*, "Lumen Veritatis", 13 (2010), pp. 91-93.

188 *Ibid.*, p. 100.

189 S.Th. II-II, q. 45, a. 2, c.

190 S. Buzeta Undurraga, *op. cit.*, pp. 63-64.

191 Th. Huzarek, *Thomas Aquinas' Theory of Knowledge through Connaturality in a Dispute on the Anthropological Principles of Liberalism by John Rawls*, "Espíritu", 67 (2018), p. 412.

192 G. Tabossi, *El conocimiento del bien por connaturalidad afectiva*, "Revista Teología", 53 (2016), pp. 109-110.

justicia como un reclamo directo para cómo se debe obrar. Dicho de otro modo, el meramente inteligente reconoce la acción buena (pagar la deuda es justo) como de significado instrumental, desde fuera, viendo simplemente cómo obran los demás[193].

Para no ligar este género de conocimiento al que es más directamente reconocible como conocimiento práctico moral, hay quien lo ha visto personificado también en el comportamiento profesional de un personaje de ficción. En un trabajo interesante e ingenioso se describe la actuación de un detective de ficción clásico como una búsqueda de connaturalización con las personas involucradas en el crimen a investigar. Así se dice que tal personaje no piensa, ni emplea datos científicos sino que se embebe y se deja llevar por los acontecimientos y las personas: deja que éstos habiten en él y posean su subjetividad. Así se implica, se injerta y sumerge en el medio; en lugar de elucubrar. Las hipótesis y los elementos deductivos quedan para mucho después[194].

3. TEORÍA DEL CONOCIMIENTO POR CONNATURALIDAD

Hay que comenzar por señalar que el intelecto conoce lo que se le presenta pero también conoce sus propias operaciones. Nada hay en el intelecto que no haya pasado por los sentidos salvo el intelecto mismo. El objeto conocido se enriquece, mejor dicho el conocimiento del objeto se enriquece por la especificidad del apetito, por lo que el apetito dice de él. El intelecto conoce lo que ocurre en el apetito. En éste hay hábitos afectivos porque ahí se forman también hábitos, que pueden ser variados frente a diferentes objetos (gozo, disfrute, indiferencia, repugnancia, etc.). Por "su propia presencia"

---

193 M. Lott, *op. cit.*, pp. 18-19.

194 J. J. Noain Calabuig, *Maigret. Conocimiento por connaturalidad y conciencia concomitante*, "Revista de Filosofía", 2/27 (2002), pp. 456-467.

son conocidos por el intelecto humano[195]. En otras palabras, pareciera que presionan, que empujan a verlos. Dicho de otro modo, no se puede negar su presencia. Se puede decir que el apetito solo es ciego, pero que su convergencia con el intelecto le hace presentar al sujeto que conoce el efecto de la cosa misma: el intelecto conoce el apetito afectado, ese decir, el carácter de apetecible (o aborrecible) de la cosa que conoce. Por eso en frase redonda, el conocimiento por connaturalidad es un conocimiento directo de la apetecibilidad de una cosa[196].

En este sentido, la noción tomista de conocimiento afectivo (*cognitio affectiva*) ayuda a entender aunque parezca contradictoria. Se trata de un conocimiento experimental que requiere tener sensibilidad, capacidad para lograr una com-pasión. ¿Cómo es posible el conocimiento experimental, que es de lo singular, por parte del intelecto, que conoce lo universal? El conocimiento no conoce lo material sino lo inmaterial. Por eso puede conocer lo singular inmaterial: él mismo, el intelecto, es singular e inmaterial y se puede conocer a sí mismo. En frase del Aquinate, "el singular no repugna la inteligibilidad por ser singular sino por ser material ya que nada es entendido sino inmaterialmente. Por tanto, si existe algo inmaterial singular, como es el intelecto, nada se opone a su inteligibilidad"[197]. El alma (en el sentido clásico del término) es afectada por el objeto en sus potencias apetitivas y esa afectación es conocida como efecto del objeto amado en el interior del sujeto[198]. Porque el alma puede ser conocida de dos modos: "particular cuando, por ejemplo Sócrates o Platón se dan cuenta de que tienen alma intelectiva por el hecho de percibir que entienden; universal, cuando investigamos la naturaleza de la mente humana partiendo de los actos del intelecto (...). Para obtener el primero, basta la misma presencia del alma,

---

195 De Veritate, q. 10, a. 9, ad 1.

196 M. D'Avenia, *La conoscenza per connaturalità in S. Tommaso D'Aquino*, Edizioni Studio Domenicano, Bologna 1992, pp. 116-119.

197 S.Th. I, q. 86, a. 1, ad. 3.

198 M. D'Avenia, *op. cit.*, pp. 172-174.

principio del acto por el cual se conoce a sí misma y por ello se dice que se conoce a sí misma por su sola presencia"[199]. A mi juicio, el intelecto conoce su afectación o, mejor dicho, el alma conoce por el intelecto pero también conoce cómo le afecta el objeto en el apetito: no puede negar que se dan ambas cosas y así conociéndose es como conoce el singular que le afecta.

El apetito, después de aprehender el objeto y ser modificado por él, se integra y revela la conformidad y bondad del objeto mismo. En el juicio se integran apetito e intelecto porque el juicio trata lo singular pero como apetecible y por eso no se puede separar del aspecto afectivo o connatural. La inclinación es fuente de conocimiento no porque conozca algo sino porque ofrece un ámbito de conocimiento: la apetecibilidad de lo concreto, que es algo que el intelecto no capta directamente. Ese carácter de apetecible es inmediato, no discursivo, no demostrativo, porque lo lleva acabo el apetito y no el intelecto. Le da un criterio inmediato para la acción[200]. El juicio por connaturalidad o por inclinación en sentido estricto es aquel donde la razón conoce la conveniencia del objeto sin deliberación, en la reacción afectiva. Esta reacción sirve de modo en el que se valora el objeto de la operación[201].

En las potencias apetitivas, el sujeto tiende al objeto por connaturalidad con él. A esa tendencia se la puede denominar en sentido genérico como amor. Pero el sujeto requiere una posesión perfecta. Bajo la influencia de las potencias apetitivas, el intelecto entiende el objeto amado y no otros al punto que la afección llega a ser condición del objeto de conocimiento[202]. El elemento básico del acto de amor es un movimiento pasivo por el que el apetito se adapta al objeto conocido. Pero también hay una complacencia hacia el objeto que es una respuesta del sujeto que se adapta al objeto: la potencia

199 S.Th. I, q. 87, a. 1, c.

200 M. D'Avenia, *op. cit.*, pp. 175-177.

201 M. J. Feliu, *op. cit.*, pp. 141-143.

202 T. Suto, *op. cit.*, p. 70.

se adapta al objeto al punto de actuar de modo natural, similar a la propia naturaleza[203].

4. CARACTERÍSTICAS DEL CONOCIMIENTO POR CONNATURALIDAD

a) Redundancia

Con todo, parece necesario aclarar mejor cómo los afectos comunican con el intelecto[204]. A este respecto, Tomás de Aquino habla de que se producen flujos de redundancia de una potencia (la afectiva) a otra (la inteligencia)[205]. Ahora bien, ¿qué significa la expresión redundancia? Incluso cabe discutir si se trata de una buena traducción del término. Pareciera que, por la propia unidad del ser humano, podemos hablar de que la actividad de una potencia interfiere sobre la otra con posibles intensidades distintas. En este caso, la tendencia afectiva es muy intensa de modo que redunda en el interior del intelecto (en este caso en su uso práctico), de manera que el juicio que profiere está guiado y producido por esa experiencia afectiva. Un juicio altamente condicionado por el amor. Este fuerte influjo tiene su explicación, como se adelantó, en la unidad sustancial de la persona humana[206].

"La inclinación de cada cosa está en la misma cosa según el modo de la cosa"[207]. En efecto, la inclinación en un ser inteligente y libre es inteligible como en su principio y su sujeto. La sensibilidad se haría inmediatamente presente en el ser humano por el fenómeno de la concomitancia[208]. Tenemos un conocimiento directo o experiencial de los afectos a través de los actos propios de estos mismos, de la

---

203 Th. Huzarek, *op. cit.*, p. 412.

204 S. Buzeta Undurraga, *op. cit.*, p. 74.

205 In. III Sent., d. 23, q. 1, a. 2, ad. 3.

206 G. Tabossi, *op. cit.*, p. 110.

207 S.Th. I, q. 87, a. 4, c.

208 M. J. Feliu, *op. cit.*, p. 124.

misma forma que percibimos la voluntad al querer y la vida en las operaciones vitales[209]. "Aquellas cosas que están en el alma en razón de su esencia las conocemos por un conocimiento experimental, en cuanto que el hombre experimenta a través de sus actos sus principios intrínsecos: así percibimos la voluntad queriendo y la vida en las operaciones vitales"[210]. Por la unidad psicológica, apetito y potencias cognoscitivas están íntimamente ligadas de modo que el afecto otorga a la razón la visión clara de la conveniencia del objeto[211].

En realidad lo que se quiere decir es que el intelecto conoce lo que se le presenta pero también sus propias operaciones. De ahí la expresión de que los actos de la afectividad redundan en el intelecto. Como ya se dijo, los hábitos de la afectividad están en disposición de ser conocidos, "por su propia presencia"[212], en cuanto presionan al intelecto, empujándolo a verlos[213]. Se da una sinergia cognoscitiva entre afectividad y razón[214]. El motivo es la raíz ontológica común de ambos que explica la sinergia de conocimiento e inclinación: en el juicio se da esa incorporación o integración[215]. La modificación del apetito por el objeto es llamada *coaptatio* por Tomás de Aquino y se genera por ella una *aptitudo*, proporción o complacencia entre objeto y apetito que redunda también sobre el intelecto[216].

Se habla de redundancia, concomitancia o sinergia, de presión sobre el intelecto. El riesgo de las palabras que describen de alguna forma y aventuran un modo de decir es la imprecisión. En cierto modo, se trata de ponerle un nombre a esa presencia innegable que se encuentra el intelecto a la hora de juzgar. Tal vez por describir

---

209 *Ibid.*, p. 125.
210 S.Th. I-II, q. 112, a. 5, ad. 1.
211 M. J. Feliu, *op. cit.*, p. 112.
212 De Veritate q. 10, a. 9, ad. 1.
213 M. D'Avenia, *op. cit.*, pp. 117-118.
214 *Ibid.*, p. 127.
215 *Ibid.*, p. 176.
216 *Ibid.*, p. 195.

de alguna manera y no quedarse en mera presencia se busca otro término. Redundancia tal vez no sea la mejor traducción porque parece que sobra, que es repetitiva. Más bien parece decirse que la intensidad del afecto es tal que este mismo rebosa y el intelecto conoce este rebosar. Con todo no hemos salido de las metáforas físicas. Con los términos sinergia y concomitancia expresamos la acción conjunta de afectividad e intelecto pero no tan claramente la comunicación de los afectos al intelecto. En este punto, vale la pena quedarse con lo que mejor expresa la experiencia común que es ese hacerse presente con intensidad al punto de que el juicio del intelecto sigue a esa afección, que algunos llaman amor, en sentido amplio.

Por eso, es suficiente con aclarar que la convergencia del apetito en el intelecto hace que presente al sujeto cognoscente un efecto directo del bien de la cosa misma: su carácter de apetecible. De esta forma enriquece con su aporte el conocimiento del bien concreto[217]. O en breve, el intelecto aprehende a sí mismo apeteciendo la cosa misma[218].

b) No consiste en un mayor interés

Es un género de amor que se forma en nuestros apetitos sensitivos e intelectivos. El amor produce una mutua *inhaesio* (*indwelling*) que afecta al apetito pero también la capacidad de aprehender porque el sujeto quiere alcanzar un conocimiento más íntimo, no superficial, de todo lo que pertenece al objeto que se ama. La atención se absorbe en lo que se ama que es profundamente comprendido o recibido. El afecto mueve al intelecto a discernir, actúa como causa eficiente, eleva el nivel de agudeza, precisión y exactitud. Pero todo esto es externo al conocimiento, no cambia el contenido del acto de conocer. Esto es poco y no es lo que supone principalmente

---

217 *Ibid.*, p. 119.
218 S.Th. I, q. 16, a. 4, ad. 2.

el conocimiento por connaturalidad[219]. La afectividad no aporta un mayor conocimiento sino un conocimiento mejor[220]. No se trata de que aporte tampoco un mayor interés por conocer lo amado: esto es algo extrínseco al conocimiento y lo que estamos describiendo es que ocurre algo más, una relación causal intrínseca del afecto con el conocimiento[221].

c) No discursividad

Existe una coincidencia en caracterizar ese juicio como experimental en la línea que lo hace Tomás de Aquino y que puede seguirse de lo que afirma Aristóteles. Esto significa que no da un dato para un juicio ni una premisa para un silogismo, sino una conclusión. El momento cognoscitivo del juicio por connaturalidad está constituido por la aprehensión directa de la reacción del sujeto. Es un conocimiento directo o experiencial[222], en el que de modo espontáneo, automático, la voluntad mueve al intelecto a proferir sin duda un juicio práctico[223]. No es la identificación cognitiva de una buena idea ni la comparación del bien particular con el bien entero[224]. Es un conocimiento no inferencial[225], inmediato[226]. Es íntimo y profundo, no hay secuencia de actos u operaciones sino más bien un proceso de asimiliación en el que confluyen apetito y razón[227]. La connaturalización con cierto tipo de bienes hace que otros sean ignorados[228].

---

219 T. Suto, *op. cit.*, pp. 69-70.

220 R. T. Caldera, *Le jugement par inclination chez Saint Thomas d'Aquin*, Vrin, Paris 1980, pp. 26-27.

221 I. Camporeale, *La conoscenza affettiva nel pensiero di S, Tommaso*, "Sapienza", 12 (1959), p. 261.

222 M. J. Feliu, *op. cit.*, pp. 125-126.

223 J. M. Pero-Sanz Elorz, *El conocimiento por connaturalidad. La afectividad en la gnoseología tomista*, Universidad de Navarra, Pamplona 1964, p. 210.

224 C. Green, *op. cit.*, p. 52.

225 T. Suto, *op. cit.*, p. 63.

226 L. Irízar, *op. cit.*, p. 103.

227 S. Buzeta Undurraga, *op. cit.*, p. 68.

228 J. Vicente Arregui, *op. cit.*, p. 122.

Esa espontaneidad es propia de la connaturalidad y posibilita un conocimiento de los fines connaturales a las potencias en cada acción que no es fruto de la deducción[229]. Es decir, prescinde del razonamiento porque la presencia de la inclinación, que no es conocimiento científico, tiene su propio valor[230]. La apetecebilidad inmediata no se justifica a través de un proceso demostrativo sino que se da un criterio inmediato para la acción[231], y hace así que de repente se conozca algo que no se ha entendido antes[232]. Por eso, cuanto más firme y clara es la determinación de la voluntad tanto más inmediatamente se profiere el juicio en un determinado sentido[233].

A la vez el juicio por connaturalidad es más certero cuando se hace en virtud de inclinaciones propias de la naturaleza del sujeto que conoce y la inclinación natural es criterio de verdad práctica porque consiste en el bien[234]. Quien ama conoce mejor la realidad que quien no ama porque, en el acto de conocer, la razón hace un uso instrumental del afecto, lo que le da mayor perfección, mayor agudeza, amplifica la percepción[235]. Se juzga sin necesidad de silogismo práctico aunque se pueda dar una explicación[236]. De nuevo la descripción mencionada del actuar de un personaje de ficción nos lo muestra en esta línea como carente de método, que no considera hipótesis ni relaciones de causa y efecto en los hechos a juzgar. Es una acción espontánea, inmediata, no reflexiva, aparentemente no científica, sin deducciones[237].

---

229 C. González Ayesta, *El don de sabiduría según Santo Tomás. Divinización, filiación y connaturalidad*, Eunsa, Pamplona 1998, p. 166.
230 M. D'Avenia, *op. cit.*, p. 175.
231 *Ibid.*, p. 177.
232 T. Suto, *op. cit.*, p. 70.
233 J. M. Pero-Sanz Elorz, *op. cit.*, p. 209.
234 S. Buzeta Undurraga, *op. cit.*, pp. 70-71.
235 G. Tabossi, *op. cit.*, p. 109.
236 T. Suto, *op. cit.*, p. 75.
237 J. J. Noain Calabuig, *op. cit.*, pp. 457-464.

d) Objetividad

La pregunta que surge es cómo salvar la subjetividad y al mismo tiempo hablar de objetividad del conocimiento cuando se trata del conocimiento por connaturalidad. En realidad sería un falso dilema porque lo que la connaturalidad subraya son los datos que un sujeto concreto percibe y esa percepción varía según la inclinación del sujeto[238]. El apetito al aprehender el objeto es modificado por este y revela la conformidad y ofrece la bondad del objeto mismo. Por eso lo que surge no es falta de racionalidad porque siempre guía la razón. Ocurre que se prescinde del razonamiento porque la presencia de la inclinación trae de suyo su propio valor[239]. Pero el punto de partida es siempre el objeto. Si no, quedaría tan solo el sentimiento sin referencia al objeto que lo provoca. Sin el conocimiento que ilumina, el objeto del apetito no entra en contacto con el apetito o queda escondido. Por la compenetración entre apetito e intelecto queda alejado el riesgo de irracionalismo[240].

Propiamente no se trata de un conocimiento irracional ni puramente inclinativo. La connaturalidad es causa de adhesión del afecto con lo que le es connatural. Según Tomás de Aquino, "la pasión parece pertenecer más al apetito que al intelecto ya que lo conocido estaría en el cognoscente según el modo del cognoscente y no según el modo de las cosas conocidas. Sin embargo, el apetito mueve hacia las cosas según el modo como ellas son en sí mismas y queda afecto a las cosas mismas"[241]. La realidad amada es la que atrae hacia sí al apetito, por eso transforma el afecto en la cosa que se ama. Lo amado manda, por así decir, en la posesión afectiva. La unión más

---

238 M. A. Acosta Ayala, *La función integradora del conocimiento por connaturalidad* en Pontificia Accademia di San Tommaso-Società Internazionale Tommaso d'Aquino, *Congresso Tomista Internazionale L'Umanesimo Cristiano nel III millenio*, Roma 2003, p. 6.

239 M. D'Avenia, *op. cit.*, p. 175

240 *Ibid.*, p. 204.

241 In De div. Nom., cap. II, lect IV, n° 191-192.

estrecha da lugar a un conocimiento experimental porque los bienes sólo pueden conocerse como tales amándolos, es decir, en su bondad y amabilidad[242].

Dicho más directamente, no es un juicio sobre la reacción afectiva ni sobre la condición del sujeto mismo[243]. Es un juicio sobre el objeto por una reacción afectiva[244].

Por lo anterior hay una insistencia generalizada en que el afecto no conoce porque la voluntad no conoce. El afecto es usado por el conocimiento por su connaturalidad. El *por* es instrumental, señala que la inclinación es medio. Conocimiento e inclinación van adscritos al apetito: este no es quien conoce. Las diferencias del apetito con el conocimiento son las clásicas: es de lo concreto, es pasivo, supone relación de unión, es principio de movimiento. Mientras que el conocimiento es de lo universal, es activo y supone relación de similitud intencional[245]. El objeto le es dado al conocimiento en su relación afectiva y, gracias a su connaturalidad, le es dado correctamente[246]. La unidad de la vida humana muestra la integración de lo intelectual y lo afectivo en un dinamismo simple con varias manifestaciones: el conocimiento está transido de datos que no son puramente racionales pero no hay una potencia afectiva con funciones cognoscitivas[247]. Es la razón la que hace uso, a modo de instrumento, del afecto o apetito gracias al cual el acto de conocer tiene mayor perfección o agudeza[248].

---

242 L. Irízar, *op. cit.*, p. 103.
243 S. Buzeta Undurraga, *op. cit.*, p. 65.
244 R.T. Caldera, *op. cit.*, p. 67.
245 M. D'Avenia, *op. cit.*, pp. 104-114.
246 R.T. Caldera, *op. cit.*, p. 132.
247 M. A. Acosta Ayala, *op. cit.*, p. 5.
248 G. Tabossi, *op. cit.*, p. 109.

5. HÁBITOS Y CONNATURALIDAD

a) Del apetito al hábito

Cuando, como es el caso, se da una reacción afectiva, esta misma puede ser actual (si es una pasión) o habitual (si el apetito está informado por un hábito)[249]. Ya se ve que "el juicio respecto a esta cosa particular –operable- tal como se presenta ahora, nunca puede ser contrario al apetito"[250]. Como dice Aristóteles, a quien citamos de nuevo, "tal como uno es, así le parece el fin"[251], porque "la verdad del intelecto práctico consiste en estar de acuerdo con el apetito recto"[252]. La prudencia requiere entonces de un apetito convenientemente ordenado. En efecto, "es propio de la prudencia aplicar la recta razón al obrar, lo cual no se realiza sin la rectificación de la voluntad"[253]. Esto supone lógicamente la virtud moral radicada en el apetito, como dice el Aquinate, "de ahí que la prudencia exija la virtud moral que rectifique el apetito"[254]. No basta entonces el conocimiento de la virtud porque "el fin de la ciencia práctica no es conocer y especular sobre cada cosa (...) sino más bien hacerlas. Y puesto que es en razón de la virtud en razón de lo que somos buenos y hacemos las cosas buenas, para tener ciencia práctica no basta que uno conozca la virtud. Hay que procurar que la tenga en hábito y que use de ella en acto"[255]. Por tanto, el virtuoso tiene una tendencia por connaturalidad en el apetito hacia el objeto de la virtud[256].

La virtud coexiste con la pasión entendida como movimiento del apetito sensitivo. En efecto, "si por pasiones entendemos movimientos del apetito sensitivo, pueden darse en el hombre virtuoso

---

249 M. J. Feliu, *op. cit.*, p. 118

250 De Veritate, q. XXIV, a. II. Resp.

251 EN 1114a30-b1.

252 In Ethicorum VI, lect. 2, n. 7.

253 S. Th. II-II, q. 47, a. 4, c.

254 S. Th. II-II, q. 57, a. 4, c.

255 In Ethicorum X, lect. 14.

256 J. M. Pero-Sanz Elorz, *op. cit.*, p. 179.

en cuanto subordinadas a la razón"[257]. La relación entre pasión y virtud es estrecha porque "la virtud moral es principio del movimiento afectivo"[258]. Ahora bien, "si llamamos pasiones a todo movimiento del apetito sensitivo, es manifiesto que todas las virtudes morales que tienen por materia propia las pasiones, han de darse necesariamente con estas (...). No es función de la virtud el privar de sus propias actividades a las potencias subordinadas a la razón, sino el obligarlas a ejecutar las órdenes de la razón realizando sus propios actos (...). La virtud dirige al apetito sensitivo a sus propios movimientos bien regulado"[259]. Las pasiones del apetito son efecto de la virtud, son movimientos cuya raíz está en el hábito o virtud del apetito[260]. Y es que, "el modo de la acción sigue a la disposición del agente, porque según una cosa, tal es su acto"[261]. Es interesante recordar aquí que "el hábito inhiere al modo de una cierta naturaleza"[262]. Es una cierta naturaleza superpuesta a la indeterminación de las facultades humanas. Y es principio de operaciones, del que se siguen unas determinadas obras. Como el sujeto es esencialmente operativo, también lo será el hábito correspondiente. Estamos ante una disposición estable perfectiva que condiciona determinadas acciones[263].

b) Naturaleza y connaturalidad de los hábitos

Una virtud significa una incoación del fin del ser humano, de la vida lograda. Quien posee un hábito posee de antemano aquello a lo que se dirige y puede juzgar acertadamente de las acciones que conducen a ese fin[264]. Las virtudes son disposiciones estables adqui-

---

257 S.Th. I-II, q. 59, a. 2, c.
258 S.Th. I-II, q. 59, a. 1, c.
259 S.Th. I-II, q. 59, a. 5, c.
260 J. M. Pero-Sanz Elorz, *op. cit.*, p. 185.
261 S.Th. I-II, q. 55, a. 2, ad 1.
262 In Ethicorum II, lect. 3.
263 J. M. Pero-Sanz Elorz, *op. cit.*, pp. 183-184.
264 C. González Ayesta, *op. cit.*, p. 165.

ridas, conocidas y conscientes. Son fiables y se sabe que se tienen[265]. Es una continuación de la naturaleza, una perfección directa de la naturaleza misma que importa orden a la operación porque es fin de la naturaleza o medio para conseguir el fin[266]. En efecto, "hay ciertos hábitos que importan también por parte del sujeto en que se dan un orden primario y principal al acto. La razón es porque el hábito importa primaria y esencialmente orden a la naturaleza de la cosa. Por tanto, si la naturaleza de la cosa en que se da el hábito se constituye por el mismo orden al acto, se sigue que el hábito ha de importar principalmente orden al acto. Es claro que la naturaleza y razón de ser de la potencia es ser principio del acto. Por tanto, todo hábito que tiene por sujeto alguna potencia importa principalmente orden al acto"[267]. Se trata de una cualidad, una disposición que modifica la sustancia fijando de un modo y estado determinado lo que era antes indeterminado[268]. Todo hábito se arraiga de tal modo en la naturaleza que casi se confunde con ella. Es una naturaleza sobreañadida. De ahí que el hábito se debe buscar en la línea de las inclinaciones de la naturaleza, como una prolongación hacia las formas accidentales, en especial en la inclinación al bien según la naturaleza racional[269] ya que el bien del hombre vendría indicado por las exigencias de la razón.

En realidad, se puede decir que el hábito es connatural a la naturaleza del ser humano ya que por ser una disposición de la naturaleza, el hábito se acomoda a ella y es como una continuación suya de manera que él mismo también se hace naturaleza[270]. En efecto, el hábito comunica una perfección al sujeto y queda conmensurado con el sujeto que la recibe[271]. Puede decirse que el hábito es una forma nueva, una naturaleza más actuada y determinada que la pri-

265 T. Suto, *op. cit.*, p. 64.

266 S. Buzeta Undurraga, *op. cit.*, p. 81.

267 S.Th. I-II, q. 49, a. 3, c.

268 S.Th. I-II, q. 49, a. 1, c.

269 S.Th. I-II, q. 94, a. 2, c.

270 S.Th. I-II, q. 53, a. 1, arg. 1.

271 S.Th. I-II, q. 50, a. 4, arg. 2.

mera. Por eso, no es algo extraño a la naturaleza aunque venga de fuera: ni los actos ni los objetos podrían producirlo si no encontraran aptitud y comienzo en la naturaleza misma[272].

La virtud nos protege de una existencia falsa y errónea porque esclarece e impulsa hacia una captación reflexiva y atenta de los bienes auténticos, y lleva a la verdad de la propia existencia como totalidad plena de sentido[273]. En el conocimiento práctico prudencial el fin inmanente a la acción se conoce en el transcurso de la misma: este conocimiento del fin puede estabilizarse en las mismas potencias y es lo que llamamos virtud. Por ella, la potencia tiende a su propio bien con una espontaneidad análoga a la del apetito natural porque no supone elección, aunque en el caso del hábito supone educación[274].

De ahí que Anscombe defina el conocimiento por connaturalidad como el tipo de conocimiento que tiene el que posee cierta virtud. Es la capacidad de reconocer qué acción concuerda con la virtud y cuál no. Así, el generoso ni siquiera considera la tacañería o la avaricia. Quien tiene conocimiento por connaturalidad está inclinado a obrar así sin necesidad de formular juicios al respecto[275]. El virtuoso logra lo que necesita y está disponible para él en contraste con el conocimiento que está en los libros y en los expertos, que puede no estar disponible. Aunque la sabiduría práctica también necesita de esto último, no funciona sin el hábito porque la virtud da la buena inclinación para obrar sabiamente en la práctica. Y acá de nuevo es clave la educación[276].

---

272 J. García Álvarez, "La connaturalidad de los hábitos", *Estudios Filosóficos* XIV, n° 35 (1965), p. 37.

273 L. Irízar, *op. cit.*, p. 105.

274 C. González Ayesta, *op. cit.*, p. 166.

275 G. E. M. Anscombre, *Knowledge and reverence for Human life*, en *Human Life, Action and Ethics. Essays by G. E. M. Anscombe*, Imprint Academic, St. Andrew 2006, ch. 6, p. 2.

276 *Ibid.*, pp. 5-6.

Ocurre que lo propio de la potencia intelectual es la indeterminación frente a su objeto, lo que exige la formación de hábitos que la determinen. Al hábito le corresponde una inclinación, la capacidad de modificar una inclinación. El hábito es una inclinación interior que dispone la potencia al acto, que perfecciona una tendencia natural[277] pero queda siempre la libertad[278], ya que nuestra inteligencia y nuestra voluntad tienden a la verdad y al bien pero de manera tan indeterminada que es necesario un hábito que fije la conducta[279]. Ya se ve que el sujeto humano tiene potencialidad e indeterminación y la disposición reduce a acto esas virtualidades al producir una conmensuración con un término[280], es decir, una cierta connaturalidad con el objeto. Ese término es la propia naturaleza ya que nuestros hábitos son connaturales a nosotros mismos, cuadran con nuestra forma de ser y la constituyen. Y es que la razón práctica trata del acto concreto que involucra al agente, un fin aquí y ahora. Las acciones particulares, en tiempo presente y en circunstancias particulares y contingentes requieren valorar todos los elementos, lo que es largo y complejo. Cuanto más concreta es la acción, los nexos demostrativos son más débiles y así se recurre a la inclinación del apetito que da certeza y rapidez[281]. Como el sujeto es singular y los elementos contingentes son casi infinitos, se recurre al apetito porque su objeto es el bien concreto a lograr y éste apunta con decisión sobre el bien del momento[282]. En el ser humano, en definitiva, queda un margen de indiferencia e indeterminación que es preciso llenar y ahí el hábito tiene por misión determinar intrínsecamente un sujeto en su naturaleza creando en ella un estado de conveniencia o disconveniencia[283]. El juicio necesita rapidez y seguridad y las

---

277 S.Th. II-II, q. 24, a. 11, c.
278 M. D'Avenia, *op. cit.*, pp. 99-100.
279 J. García Álvarez, *op. cit.*, p. 33.
280 S.Th. I-II, q. 50, a. 6, ad 3.
281 M. D'Avenia, *op. cit.*, pp. 123-127.
282 In Ethicorum II, lect. 2.
283 J. García Álvarez, *op. cit.*, p. 32.

encuentra en el hábito[284]. Tener la virtud posibilita juzgar con facilidad lo que atañe a la virtud por medio de una inclinación[285].

Y es que la potencia está abierta a los opuestos y sólo por el hábito, que es perfección adquirida e intrínseca, se puede determinar hacia lo mejor de modo progresivo. No es el hábito el que realiza el acto sino la potencia gracias a la impronta dispositiva que le provoca el hábito[286]. El hábito entonces determina a la potencia *ad unum*, le ayuda a superar la indeterminación[287]. Ahora bien, estamos hablando de hábitos operativos donde se da una continuidad del sujeto respecto de sus operaciones. Es precisamente en la operación donde se realiza verdaderamente esa disposición con la naturaleza. La disposición es de orden dinámico y así la connaturalidad de los hábitos pasa a la operación que no es más que el efecto y el signo del hábito. El hábito es así una nueva determinación en las mismas potencias en orden a la operación, de manera que las operaciones que proceden del hábito son connaturales y convenientes al sujeto. Como no podemos considerar el hábito y la naturaleza como dos cosas aisladas sino como una naturaleza profundamente modificada por el hábito, la operación habitual es siempre connatural[288].

Todavía puede darse un paso más. Y es que desde lo más íntimo de la facultad misma, el hábito la inclina hacia determinados objetos[289]. Cuando el hábito se instala en una facultad, la perfecciona y orienta con más fuerza hacia su objeto. De este modo, nuestras facultades adquieren una especial configuración con sus objetos, que ya no son algo extraño sino que se hacen parte y prolongación del propio objeto. La intimidad y familiaridad con los objetos es propia del hábito, de manera que es propio de los hábitos el referir y acomodar el sujeto a los objetos, produciéndose así la connaturali-

284 S. Th. II-II q. 45, a.2, c.
285 M. D'Avenia, *op. cit.*, p. 143
286 S. Buzeta Undurraga, *op. cit.*, p. 80.
287 *Ibid.*, p. 82.
288 J. García Álvarez, *op. cit.*, pp. 45-48.
289 S. Th. I-II q. 54, a. 1, c.

dad[290]. Es decir, que por medio de sus operaciones, los objetos de tales operaciones le resultan connaturales al sujeto.

c) El género de conocimiento propio del hábito

La inclinación, la reacción afectiva procede en este caso de un hábito, por eso resulta necesario hablar de virtudes y vicios. Pues bien, "las operaciones que proceden del hábito resultan deleitables y fáciles de realizar por resultar como connaturales"[291]. O en otro lugar, "una es la manera de juzgar cuando alguien juzga como movido por inclinación o instinto, y así el que tiene el hábito de la virtud juzga correctamente de cómo ha de practicarse la virtud, debido a que está inclinado a ella"[292]. Al punto que la acción virtuosa no es la que es igual a la que hace el virtuoso sino la que está hecha como la hace el virtuoso[293]. Y es que el virtuoso se goza en la virtud por encontrarse connaturalizado con lo bueno. Por eso, si el conocimiento del bien depende de los hábitos adquiridos, el hombre virtuoso deviene inmediatamente criterio de bondad[294].

Y es que la simple inclinación no basta para explicar la rectitud del juicio. Una inclinación que no sea lúcida no puede fundar un juicio prudente. Lo que explica la rectitud del juicio es la perfección provocada por el hábito[295]. La virtud perfecciona y estabiliza la inclinación natural, transforma al ser humano y lo hace capaz de juzgar con facilidad sobre aquello que la virtud resguarda. El fin es connaturalizado, interiorizado, al punto que la virtud ejercita una causalidad sobre el juicio y la condición de posibilidad del mismo[296]. En efecto, "la buena disposición de la inteligencia para captar las cosas como son proviene radicalmente de la naturaleza y, en cuanto

---

290 J. García Álvarez, *op. cit.*, pp. 52-53.

291 De Veritate, q. 24, a. 12, ad. 9.

292 S.Th. I, q. 1, a. 6, ad 3.

293 J. Vicente Arregui, *op. cit.*, p. 117.

294 *Ibid.*, pp. 120-121.

295 S. Buzeta Undurraga, *op. cit.*, p. 66.

296 M. D'Avenia, *op. cit.*, p. 143.

a su perfección, del ejercicio (...). Esto puede acontecer de dos maneras. Primera, directamente o por parte de la misma inteligencia (...). Esto atañe a la *synesis* en cuanto que es virtud especial. E indirectamente por la buena disposición de la voluntad, de la cual se sigue el juicio recto sobre los bienes deseables. De esta manera, los hábitos de las virtudes morales influyen sobre un juicio recto virtuoso en torno a los fines, mientras que la *synesis* se ocupa más de los medios"[297].

Ahora bien, tenemos entonces que "la rectitud del apetito con respecto al fin es la medida de la verdad en la razón práctica (...). La misma verdad de la razón práctica es la regla de la rectitud del apetito, con respecto a aquellas cosas que miran al fin. Por esto se dice que es un apetito recto aquel que sigue las cosas que la razón dice que son verdaderas"[298]. Hace falta por tanto una voluntad rectamente dispuesta para que la inclinación de ésta sea medida de la rectitud del juicio. Al punto que "el que alguien defina bien en las obras virtuosas proviene propiamente del hábito de la virtud (...). De ahí que el juicio, puesto que entraña la recta determinación de lo que es justo, corresponde propiamente a la justicia"[299]. Cabe preguntarse, sin embargo, cómo es posible todo esto. Es decir, cómo influye el apetito sobre el intelecto que juzga, hasta qué punto el apetito es connatural con el objeto y logra determinar al intelecto. Para Tomás de Aquino, la percepción de algo como bueno depende del objeto y del sujeto. De nuevo, hay que traer a colación la remisión a Aristóteles pues cual es cada uno así le parece el fin. El hombre bajo la influencia de una pasión, juzga conveniente lo que le repugnaría fuera de dicha pasión[300]. En efecto, "el juicio con el que alguien juzga que algo es bueno en sí y *simpliciter* proviene de la inclinación del hábito"[301], pues "la pasión del apetito sensitivo influye en la voluntad

---

297 S.Th. II-II, q. 51, a. 3, ad 1.
298 In Ethicorum IV, lect. 2.
299 S.Th. II-II, q. 60, a. 1, c.
300 S.Th. I-II, q. 9, a. 2, c.
301 In Ethicorum III, lect. 13.

desde el punto de vista de la moción del objeto, en cuanto que juzga bueno y conveniente lo que, libre de aquella pasión, no estimaría así"[302]. Lo que ocurre es que esto es posible porque "a causa de la pasión del apetito sensitivo de alguien puede darse una modificación del cuerpo o una impresión corporal porque el apetito usa de aquel órgano, se impide y a veces se liga totalmente la misma aprehensión particular o lo que dicta la razón superior en universal, para que no dicte esto en particular"[303]. En efecto, el apetito en su pasión produciría una modificación de las disposiciones corporales del sujeto. Y es que no puede olvidarse que el intelecto tiene en lo sensible el principio del conocimiento. En efecto, "es imposible que el juicio de nuestro entendimiento sea perfecto cuando se hallan impedidos los sentidos mediante los cuales conocemos las realidades sensibles"[304]. El intelecto depende de las facultades sensoriales que son la fuente de las realidades experimentadas. La aprehensión de los sentidos internos se ve afectada a causa de esta disposición orgánica provocada por la pasión. Los sentidos internos presentan el objeto según un aspecto de conveniencia o disconveniencia. Así, el juicio práctico del intelecto se modifica por la pasión del apetito sensitivo, a través de la disposición orgánica y los sentidos internos[305].

Para comprender lo anterior hay que tener en cuenta (1) que los sentidos se encuentran ligados a la materia, son facultades intrínsecamente orgánicas; y (2) al no ser facultades abstractivas, los sentidos internos no pueden considerar más razón de bien en un objeto que la que viene señalada por su relación con el propio organismo, de modo que (3) los sentidos internos no conocen simplemente el objeto sino tamizado por la disposición somática del sujeto[306]. Se entiende así cuando el Aquinate afirma que "vemos que los hombres dominados por una pasión no apartan fácilmente la

302 S.Th. I-II, q. 10, a. 3, c.

303 De Veritate, q. 22, a. 9, ad. 6.

304 S.Th. I, q. 84, a. 8, c.

305 J. M. Pero-Sanz Elorz, *op. cit.*, p. 195

306 *Ibid.*, pp. 197-198.

imaginación de aquellas cosas que tan íntimamente les afectan"[307]. Así, la pasión, mediante los sentidos internos, modifica el dictamen del entendimiento práctico dependiente en su conocer de los datos que le suministra la parte sensitiva[308]. "El entendimiento necesita para conocer el concurso de las facultades sensitivas a las que afecta directamente la perturbación orgánica"[309]. Ya se ve que la disposición corporal es clave y que el juicio práctico se da de acuerdo con lo que dicta el organismo.

Lo que se ha descrito ocurre con las pasiones y con las virtudes del apetito. Cuando existe el hábito, la pasión no desaparece sino que sigue existiendo y es ella la que modifica el juicio. El hábito ordena sus actos en una dirección determinada, la de la inclinación habitual: las pasiones serán pasiones virtuosas pero pasiones al fin y al cabo, con su modo de actuar[310]. Como conclusión, puede traerse a colación que "las demás virtudes intelectuales pueden existir sin la virtud moral, pero la prudencia no. La razón es que la prudencia es la recta norma de las acciones humanas no solo en general, sino también en los casos particulares, en que tiene lugar la acción concreta (...). Mas para descender hasta los casos particulares es necesario que la razón parta no solo de los principios universales, sino también de los particulares. Respecto de los principios universales de su obrar, el hombre está rectamente dispuesto (...), pero todo esto no es suficiente para juzgar con rectitud los casos particulares porque ocurre a veces que tal principio universal conocido por el entendimiento o la ciencia es deformado en el caso particular por alguna pasión (...). Así, para estar rectamente dispuesto en orden a los principios particulares del obrar humano, que son los fines, necesita perfeccionarse mediante ciertos hábitos que le hagan connatural en cierto modo el juzgar rectamente sobre el fin. Y esto se alcanza mediante la virtud moral, pues el virtuoso juzga rectamente

---

307 S.Th. I-II, q. 77, a. 1, c.

308 J. M. Pero-Sanz Elorz, *op. cit.*, p. 198.

309 S.Th. I-II, q. 53, a. 1, ad 3.

310 J. M. Pero-Sanz Elorz, *op. cit.*, p. 201.

del fin de la virtud, según aquello de que cual es cada uno, tal le parece el fin, como dice el Filósofo"[311].

d) Connaturalidad y justicia

Queda abierta la cuestión de las virtudes que radican en la voluntad, en concreto que ocurre con el conocimiento por connaturalidad en presencia de la justicia. Es decir, ¿cómo influye la voluntad afectada por una virtud en el juicio práctico? Hay que recordar dos cosas ante todo. En primer lugar, que la voluntad no es una potencia cognoscitiva pero puede influir sobre el intelecto porque este se guía por la conveniencia o disconveniencia que tales objetos presentan con respecto a la voluntad. En segundo lugar, que el juicio práctico trata sobre realidades singulares, contingentes y opuestas donde, por no haber evidencia, hace falta que el apetito determine.

Pues bien, "la justicia no se ordena a dirigir algún acto cognoscitivo porque no se nos llama justos porque conozcamos algo rectamente (...) sino por el hecho de que obramos algo rectamente"[312]. Por eso, el acto de la justicia es la acción y no el intelecto. Como se vio, es la *synesis* la virtud del juicio recto. En cambio, "el que alguien defina bien en las cosas virtuosas proviene propiamente del hábito de la virtud (...). El juicio, puesto que entraña la recta determinación de lo justo, corresponde propiamente a la justicia"[313]. Gracias a la justicia hay recto juicio por connaturalidad. El juicio del intelecto no es el acto propio de la justicia sino un efecto que por connaturalidad se realiza en todo sujeto virtuoso[314]. Esto nos permite juzgar por connaturalidad también las acciones ajenas y no solo las propias, porque este juicio no es solamente el último que precede infaliblemente al actuar sino el juicio anterior que Tomás de Aquino llama *consilium* y que precede al juicio discretivo. Así, "el consejo versa

---

311 S.Th. I-II, q. 58, a. 5, c.
312 S.Th. II-II, q. 58, a. 4, c.
313 S.Th. II-II, q. 60, a. 1, c.
314 J. M. Pero-Sanz Elorz, *op. cit.*, pp. 204-205.

sobre lo que el hombre quiere hacer, sea como motivo impulsor, pues al querer el fin se mueve a formar consejo sobre los medios para obtenerlo"[315].

Por último cabe retomar la cuestión de que los juicios singulares y contingentes requieren la rectificación del apetito, es decir que este último es el que mueve al intelecto en una dirección determinada. Cabe preguntar dónde se justifica la rectitud del apetito y la respuesta del Aquinate es que "concuerda con la razón verdadera"[316]. Ya se ve que la base de la rectitud del juicio provocado por la virtud se encuentra en la razón. La virtud moral se forma bajo los auspicios de la recta razón. La razón comunica su rectitud al apetito al formarse la virtud. El juicio por connaturalidad será recto por estar de acuerdo con la recta razón que es la facultad que determina la rectitud o malicia de una operación. Es finalmente el mismo intelecto quien fundamenta el valor del conocimiento aunque haya sido provocado por los apetitos[317].

6. CONNATURALIDAD Y RAZONAMIENTO JURÍDICO

Llega el momento de considerar qué relevancia tiene para una teoría del conocimiento jurídico. En este punto, se pretende ahora solamente una aproximación a los aspectos que se juzgan más relevantes, sin pretender agotar la cuestión, lo que exigiría en realidad un nuevo trabajo.

Hay que recordar también que el presente trabajo se ubica, como se dijo, en el ámbito del contexto de descubrimiento y no entra a valorar el llamado contexto de justificación. En efecto, hay quien sostiene que la posesión de las virtudes judiciales es fundamental

---

315 S.Th. I-II, q. 14, a. 1, ad 1.
316 In Ethicorum VI, lect 2.
317 J. M. Pero-Sanz Elorz, *op. cit.*, pp. 213-214.

para la justificación de las decisiones jurídicas[318], al punto que la virtud judicial no sólo es criterio de justificación de las decisiones judiciales, es decir, tiene un papel epistémico; sino también es un factor determinante de la corrección de las decisiones judiciales, es decir tiene un papel constitutivo. Este papel constitutivo significa para unos que lo que determina la corrección de una decisión es que un juez virtuoso podría haber tomado tal decisión[319]. Para otros, que una decisión es correcta si ha sido tomada por un juez virtuoso. Esta última versión es la que defiende la llamada *Virtue Jurisprudence*[320]. En todo caso, se coincide en que la capacidad perceptual del virtuoso se puede entender como una sensibilidad que permite a la persona que la posee apreciar las razones para la acción que se dan en una situación particular y proporcionar las justificaciones correspondientes para su decisión. Es decir, la sensibilidad perceptual del virtuoso es capaz de dar cuenta de la dimensión pública de la argumentación jurídica[321]. Sobre estas posiciones no vamos a discutir aquí.

En primer lugar hay que llamar la atención sobre el hecho de que la afectividad no es solamente un riesgo y un peligro para la corrección del razonamiento jurídico, como intuitivamente se piensa. Ante todo es algo que lo posibilita, que normalmente ayuda a decidir de manera rápida y certera. En efecto, existe una tendencia a ver las emociones y pasiones como realidades que dificultan el uso de la racionalidad, en especial en el caso de la razón práctica. En cambio, hemos visto que la afectividad precisamente ayuda a focalizar. Si tenemos en cuenta que el razonamiento jurídico requiere

---

318 A. Amaya, *Virtudes judiciales y argumentación. Una aproximación a la Ética jurídica*, México, Tribunal Electoral del Poder Judicial de la Federación, 2009, p. 32.

319 *Ibid.*, pp. 35-37.

320 Al respecto, por todos, L. B. Solum, "*Virtue Jurisprudence*. Una teoría de la decisión judicial centrada en las virtudes", *Persona y Derecho* 69 (2013), pp. 5-51.

321 A. Amaya, "Virtud y razón en el Derecho. Hacia una teoría neo-aristotélica de la argumentación jurídica" en G. Lariguet y R. de la Vega (eds.), *Problemas de Filosofía del Derecho. Nuevas Perspectivas*, Bogotá, Temis, 2013, p. 182.

concluir siempre en la decisión y ésta tiene unos límites de tiempo. Si, además, tomamos en consideración que las interpretaciones lógicamente posibles son numerosísimas. Si en tercer lugar, nos hacemos cargo de la necesidad de seleccionar entre los abundantísimos hechos del caso sólo aquellos que sean jurídicamente relevantes, nos encontramos con que la afectividad es un instrumento que hace posible focalizarse en la interpretación que se presenta como la mejor solución.

Lo anterior no debe hacer olvidar que la connaturalidad no anula el conocimiento discursivo y argumentativo. Es más, el juez está obligado a tal argumentación porque debe justificar y fundamentar las sentencias. Y también porque al sentenciar está creando algo, de manera que aparece también un elemento poiético.

Hay que hacer otra consideración que parte del hecho insoslayable de que la interpretación jurídica es imposible sin hacer valoraciones. En los últimos decenios las teorías de la argumentación han intentado precisamente el establecimiento de modos de controlar o al menos de manejar tales valoraciones[322]. A mi juicio, uno de los elementos valorativos está constituido o mediatizado por la afectividad del juzgador, que no puede desligarse de ella cuando va necesariamente más allá de la mera lógica estricta y valora. En efecto, existe un elemento afectivo en la decisión en el ámbito jurídico que parece imponderable y que se tiende a ver siempre como negativo. Parece olvidarse que tal afectividad puede tener diferentes direcciones y, sobre todo, que es un elemento inevitable.

Y es que aunque no se pueda medir ni ponderar parece evidente que somos seres afectivos y que en ocasiones los afectos aparecen con fuerza en forma de pasión o de hábito, tal y cómo se vio. A mi juicio, es necesario poner en relación tales afectos con los ideales y

---

322 La bibliografía al respecto es interminable. Puede verse un estudio completo de algunas de las más recientes teorías de la argumentación en P. SERNA (dir.), *De la argumentación jurídica a la hermenéutica. Revisión crítica de algunas teorías contemporáneas*, Granada, Comares, 2005.

valores propios del Derecho. Porque la pregunta por la afectividad nos conduce a interrogarnos también por las ideas y valores que dirigen la razón práctica jurídica. ¿Qué mueve a cada operador jurídico? ¿El bien común? ¿La justicia? ¿El respecto a la legalidad? ¿La seguridad jurídica? En un nivel más concreto aparecen los principios constitucionales y los principios clásicos de cada rama del Derecho.

Ya se ve que el carácter del operador jurídico y su capacidad de distanciarse del mismo afecta a su decisión. El problema es que teorizar de todo lo anterior en un aula no sirve de mucho. En buena medida porque no es ahí donde se construyen los afectos. La presencia afectiva de tales ideales y valores en el operador jurídico nos conduce a su realidad vital, al propio carácter. Más es concreto, nos conduce también a cada decisión tomada en el ámbito propio de cada operador jurídico que deja su huella en el carácter del mismo. Muy en especial hay que referirse al juez como paradigma del operador jurídico. Como se ha dicho, en realidad los afectos se construyen en cada momento del desarrollo de una vida. Por eso, es inevitable un impacto sobre su sentido de la justicia, es decir sobre su rectitud al menos. Esta está formada también sobre su propio trabajo judicial que es parte central de su vida. Por lo anterior tiene cierto sentido la psicología judicial, el conocimiento de sus prejuicios, que son más vitales que ideológicos: qué ha vivido y cómo lo ha vivido. Es decir, sus ideas tal y como son encarnadas en su propia vida. La autoconciencia de su función no es meramente teórica sino que la ha construido con su propia vida. Se trata de pre-juicios y pre-comprensiones que son menos controlables y en este sentido pueden parecer más peligrosos pero al mismo tiempo son mejores porque le dan rapidez, celeridad y captación inmediata. Ocurre en todo caso que es un uso peculiar de la razón práctica porque está mediado por un sinfín de normas y se refieren a la conducta de terceros. En este sentido, no se compara con nuestras decisiones de carácter ético porque tienen menos normas y es menos clara su formulación. Además se refieren a uno mismo la mayor parte de las veces y no solamente a terceros. Por último hay que señalar también que tales encrucijadas éticas son menos frecuentes que las decisiones que tiene que asumir un juez.

Connaturalizarse con el derecho supondría hacerlo tal y como éste es, es decir, como orden constituido por preceptos, pero también por técnicas y por ideales. ¿Puede haber con esto una relación de tipo afectivo? Pareciera que puede darse con las valoraciones e ideales principalmente. No tiene mucho sentido imaginar una connaturalización con una idea abstracta de la justicia pero sí con los ideales del Derecho y en especial también con los principios fundamentales del Derecho en general y de la rama jurídica en particular. También con el sentido que se le da a su propia tarea judicial. Esta connaturalización también puede ser intelectual a través de los hábitos intelectuales que forman parte de la prudencia como la perspicacia. Pero en este ámbito nos referimos a la connaturalidad afectiva. Es ahí donde se produce la connaturalización con los valores e ideales mencionados. Por eso, es necesario en primer lugar tomar conciencia de que en cada decisión hay siempre algunos de los principios con los ideales que representan en cada decisión, y que cada decisión deja una huella no sólo intelectual sino también afectiva en quien juzga. Aunque, por ejemplo, todo lo anterior se resuma en el intento de permanecer en la literalidad de la norma como expresión del respeto a la legalidad, por ejemplo. Al mismo tiempo, hace falta discutir cuáles son esos principios que encarnan valores e ideales, y saber que están implícitos en todo el obrar aunque no aparezcan de manera expresa. Toda valoración, incluso el supuesto rechazo a valorar, deja una impronta en el operador jurídico que le connaturaliza con determinados principios y no con otros. Por eso, tiene más sentido si cabe la atención a los principios porque ayuda precisamente a tratar de controlarlos o al menos a hacerlos expresos y poder comprender parte de las propias pre-comprensiones como lo que son. De este modo, cabe preguntarse por ellos, tomar conciencia, reformularlos, ser consciente de la huella que dejan en uno, que es real y que influirá en la manera futura de decidir.